社科博士论文文库
Social Sciences Doctoral Dissertation Library

Research on the Transformation of Government Functions in China from the Perspective of National Governance Modernization

国家治理现代化视域下我国政府职能转变研究

金锋 著

上海社会科学院出版社
SHANGHAI ACADEMY OF SOCIAL SCIENCES PRESS

社科博士论文文库

总　序

　　博士研究生培养是一个人做学问的重要阶段。有着初生牛犊不怕虎的精神和经邦济世雄心的博士研究生，在读博期间倾注大量时间、心血学习，接触了广泛的前沿理论，其殚精竭虑写就的博士论文，经导师悉心指导，并在专家和答辩委员会修改意见下进一步完善，最终以学术性、创新性和规范性成就其学术生涯的首部精品。每一位有志于从事哲学社会科学研究的青年科研人员，都应将其博士学位论文公开出版；有信心将博士论文公开出版，是其今后能做好学问的底气。

　　正因如此，上海社会科学院同其他高校科研机构一样，早在十多年前，就鼓励科研人员出版其博士论文，连续出版了"新进博士文库""博士后文库"等，为学术新人的成长提供了滋养的土壤。基于此，本社拟以文库形式推出全国地方社会科学院及高校社科领域的青年学者的博士论文，这一办法将有助于哲学社会科学领域的优秀成果脱颖而出。根据出版策划方案，本文库收录的作品具有以下三个特点：

　　第一，较高程度掌握学科前沿动态。入选文库的作者以近三年内毕业的博士为主，这些青年学子都接受过严格的学术训练，不仅在概念体系、研究方法和研究框架上具有相当的规范性，而且对研究领域的国内外最新学术成果有较为全面的认知和了解。

　　第二，立足中国实际开展学术研究。这些论文对中国国情有相当程度的把握，立足中国改革开放过程中的重大问题，进行深入理论建构和学术研究。既体现理论创新特色，又提出应用对策建议，彰显了作者扎实的理论功底和把论文写在祖国大地上的信心。对构建中国学术话语体系，增强文化自信和道路自信起到了积极的推进作用。

第三，涵盖社科和人文领域。虽是社科博士论文文库，但也收录了不少人文学科的博士论文。根据策划方案，入选论文类别包括当代马克思主义、经济、社会、政治、法律、历史、哲学、文学、新闻、管理以及跨学科综合等，从文库中得以窥见新时代中国哲学社会科学研究的巨大进步。

这套文库的出版，将为理论界学术新人的成长和向理论界推荐人才提供机会。我们将以此为契机，成立学术委员会，对文库中在学科前沿理论或方法上有创新、研究成果处于国内领先水平、有重要理论意义和现实意义、具有较好的社会效益或应用价值前景的博士论文予以奖励。同时，建设上海社会科学院出版社学者库，不断提升出版物品质。

对文库中属全国优秀博士论文、省部级优秀博士论文、校级优秀博士论文和答辩委员会评定的优秀博士论文及获奖的论文，将通过新媒体和新书发布会等形式，向学术界和社会加大推介力度，扩大学术影响力。

是为序！

上海社会科学院出版社社长、研究员

2024年1月

目 录

绪 论 ·· 1

第一章 研究历史与现状梳理 ·············· 7
第一节 政府职能转变的历史与现状梳理 ············ 9
第二节 国家治理的历史与现状梳理 ················ 18
第三节 国家治理现代化视域下政府职能转变的
历史与现状梳理 ·· 31

第二章 核心概念与理论基础 ················ 35
第一节 核心概念的界定 ···························· 37
第二节 国家治理现代化与政府职能转变的关系 ······ 71
第三节 国家治理现代化理论对科学社会主义理论的
贡献 ····································· 80

第三章 我国政府职能转变的历史进程 ············ 93
第一节 中国传统社会政府职能转变的历史进程 ······ 95
第二节 新中国成立以来我国政府职能转变的
历史进程 ···································· 99

第四章 国家治理现代化视域下我国政府职能转变的
现状及困境分析 ············· 113
  第一节 改革开放以来我国政府职能转变取得的
     成就 ················· 115
  第二节 我国政府职能转变的困境分析 ······· 124

第五章 国家治理现代化视域下我国政府职能转变的
路径构建 ················· 135
  第一节 深化国家制度建设 ············ 137
  第二节 动态调整政府职能边界 ·········· 156
  第三节 精准把握治理理念与科学应用治理方法
      ··················· 177

参考文献 ····················· 191

绪 论

绪　论

国家是推动社会发展与进步的最基本的政治力量,对于中国来说,推进国家治理体系和治理能力现代化是国家发展的必由之路。党的十九大提出:"明确全面深化改革的总目标是完善和发展中国特色社会主义制度、推进国家治理体系和治理能力现代化。"①这为中国全面推进行政管理体制改革指明了道路。我国的基本国情是"仍处于并将长期处于社会主义初级阶段"②,这决定了我国的国家治理兼具传统和现代社会的双重面向。现代社会是一个权力、价值、利益多元交织的社会。如今,社会结构分层清晰,群体个性特征鲜明,人民群众的利益需求多样化趋势明显,需要政府发挥更重要的作用,汇集社会多种力量,凝聚社会共识,实现利益均衡。所以,政府在国家治理现代化进程中扮演着重要的角色,政府治理毋庸置疑是内含在国家治理体系之中的,在推动国家治理现代化的过程中发挥着不可替代的作用。无论是培育成熟的市场体系,还是健全社会发展体系,抑或是推动政府内部治理结构的日臻完善,都与政府的现代转型密不可分。③

世界上很多国家在步入现代社会之后,不同程度地出现了如下问题:财富过分集中造成严重两极分化,食品、药品安全和生态环境危机不断,公共产品供给乏力,等等。现代化极易引发矛盾,甚至招致社会震荡、政权更替的危机。在国家与社会关系转型发展的过程中,传统国家统治和管理向现代国家治理的转变,是历史的必然趋势。国家治理引导着政府

---

①② 习近平:《决胜全面建成小康社会,夺取新时代中国特色社会主义伟大胜利——在中国共产党第十九次全国代表大会上的讲话》,《人民日报》2017年10月28日,第1版。
③ 何显明:《政府转型与现代国家治理体系的建构——60年来政府体制演变的内在逻辑》,《浙江社会科学》2013年第6期。

职能发展的方向，传统社会政府以统治为主要手段治理社会。步入工业社会之后，与工业化生产相适应，管理成为政府治理社会的主要手段。20世纪末期，官僚制政府开始暴露出一系列问题：机构重叠，职能繁杂，公共服务供给不足，无法满足人民群众的多层次需求。为了克服政府管理缺陷引发的社会问题，西方国家不约而同地进行了行政改革运动。20世纪末出现并流行至今的治理理论便是西方国家解决政府管理失灵的策略。

中国改革开放四十多年来，社会发展成绩斐然，国家综合实力得到了极大提升。但是，仍需警惕经济飞速发展带来的潜在风险，政府同市场与社会关系的界定在构建高水平市场经济体制中显得尤为重要。市场的高效运作抑或无效运行，社会的活力尽显抑或原地踏步，都与政府密切相关。政府行为若缺乏必要规范，可能会过度干预市场的经济活动，挤压社会组织的发展空间。政府职能一旦越位，就会产生权力寻租与设租现象，市场资本会寻求权力寻租力量的保护并逐渐强化二者关系，最终发展成权力或资本利益集团。这是世界后发国家转型发展中常见的现象，尽管通过政府职能的强干预能够推动国家在现代化初期快速发展，但这种国家强干预有其不可克服的弱点，就是在国家高速发展之后，其优势逐步丧失，甚至可能变为国家持续健康发展的"绊脚石"。

进入改革"深水区"的中国，如何推进政府体制改革显得至关重要，同时，政府也充当着进一步深化改革的主推力量，而政府内部的改革特别是政府职能转变就成了全国人民关注的焦点，在此背景下中央政府做出构建服务型政府的决定，就是要对政府体制进行深度的改革。政府的角色要从市场的参与者变为维护者，从直接管理者变为间接服务者，为成熟市场经济的建立制定完善的法律体系，为市场的正常运转提供良好的秩序、有效的监管和优质的服务，政府的职能已从过去的"守夜""划桨""掌舵"变为"服务"。

绪 论

当前,中国正驰骋在现代化快速发展的征途当中,加入世界贸易组织(WTO)之后,我国与世界各国的联系无论在深度还是在广度上都更加紧密。特别是我国正处于现代化的最后冲刺阶段,既面临着改革开放累积的内部抵牾,又承受着世界一体化格局调整所产生的多方压力,毋庸置疑,中国推进国家治理现代化将走上一条荆棘丛生之路,需攻坚克难方可成功。在现代化建设初期,政府承担的主要是经济建设和社会管理职能,而在现代化建设的中后期,政府的主要职能则转变为为社会提供公平、公正、共享的发展环境,为公民提供优质高效的公共服务。基于以上分析,本书将研究在国家治理现代化的总目标下,与其相匹配的政府职能转变所遇到的障碍及建构路径。主要围绕以下几个关键问题展开论述:国家治理现代化理论对马克思主义中国化时代化有怎样的贡献?政府职能转变与国家治理现代化的内在契合性(关系)如何?中国政府职能转变的历史过程与中国建立同现代化治理结构相匹配的政府职能还面临哪些严峻的考验?基于这些严峻考验的改革和建构路径是什么?

第一章 研究历史与现状梳理

- 第一节 政府职能转变的历史与现状梳理
- 第二节 国家治理的历史与现状梳理
- 第三节 国家治理现代化视域下政府职能转变的历史与现状梳理

只有全面、深刻地理解国内外学者针对国家治理现代化与政府职能转变的最新研究进展,才能明确自己工作的起点;只有敏锐地发掘学术界关于国家治理现代化与政府职能转变研究共同面临而又亟待解决的问题,才能正确选择自己研究的方向和切入点。本章将完成这一工作。

第一节 政府职能转变的历史与现状梳理

一、国外学术界关于政府职能转变的研究

长期以来,国外学者尤其重视对政府职能转变的研究,他们从不同的视角、应用不同的方法,结合自己所处的现实环境,形成了许多富有见解的关于政府职能的理论学说。西方国家政府职能的理论研究大体上经历了以下几个时期:

第一阶段,重商主义时期(15世纪—17世纪),强调国家对经济生活的积极干预。重商主义者特别重视政府对经济社会发展的促进作用,主张利用政府的力量建立新型的市场秩序和打开世界市场。可将重商主义者的思想简单地概括如下:货币不仅是社会财富的主要形态,也是衡量一国贫富程度的标尺;开掘金银和对外贸易是获取财富的有效手段;应该在政府的主导下发展经济和进行对外贸易。重商主义的代表人物有意大利的伽斯巴罗·斯加卢菲、安东尼奥·塞拉,英国的马林斯、托马斯·孟,法国的让·博丹、安东尼·德孟克列钦,但其中最具影响力的当属美国政治家亚历山大·汉密尔顿。他认为:"政府不但应该拿出公款来弥补个人财力的不足,而且必须采取发放政府奖金、技师监督等促进国

内工业的发展。"①很明显,这时的重商主义者已经开始关心政府的职责和功能,认为社会经济活动应该有意识利用政府的影响谋取更多国家财富。重商主义是对资本主义生产方式和孕育发展中的市场经济制度所做的前期理论准备,其主要目的是达成财富积累。

第二阶段,不干预时期(17世纪—20世纪20年代),这一时期的理论基础是古典经济自由主义理论。此时资本主义社会恰处自由资本主义时期,盛行自由放任经济政策,特别强调市场作用,认为政府就是"守夜人"(更夫),作用越小越好。亚当·斯密是其中最具代表性的学者,他认为市场不仅效率高,还可以实现自我调节;政府应该给市场充分的自由而不应该过多地去干涉市场运行。据此,他明确主张政府应履行以下职能:"第一是保护本国社会的安全,使其不受其他独立社会的暴行与侮侵"②;"第二是保护人民不受其他人的欺侮或压迫,换言之,就是设立一个严正的司法行政机构"③;"第三是建立并维持某些公共机关和公共工程"④。一言以蔽之,政府在社会中只是充当了"守夜人"和"警察"的角色。他旗帜鲜明地说:"政府要想管理得好一些,就必须管理得少一些。"⑤亚当·斯密是古典政治经济学的开创者,之后,大卫·李嘉图继承了他的思想,李嘉图认为,自由竞争不仅实现了个人利益与社会利益的无缝对接,而且极有可能无止境地推动生产力发展。所以,他强烈反对国家干预经济生活,提出:"在没有政府的干预时,农业、商业和制造业最为繁荣,需要国家做的全部事情,就是避免一切干预,既不要鼓励生产的一个资源,也不要抑制

---

① 赵一凡:《美国的历史文献》,生活·读书·新知三联书店1989年版,第79—82页。
② [英]亚当·斯密:《国民财富的性质和原因的研究》(下卷),郭大力、王亚南译,商务印书馆1974年版,第271页。
③ [英]同上书,第272页。
④ [英]同上书,第284页。
⑤ [英]同上书,第285页。

生产的另一个资源。"①亚当·斯密的经济思想后来也被法国经济学家让·巴蒂斯特·萨伊所继承,萨伊从法国当时的现实国情出发,主张让市场自主调节经济,反对国家干预经济,据此提出了供给能够自动创造需求的萨伊定律。他认为:"一种商品总量是用另一种商品来购买的,一种商品一经给出,从那时起就给价值与它相等的其他产品开辟了销路。"②萨伊定律的目的在于说明市场经济兼具内在程序性和自我均衡调节性的双重优点,因此国家对经济的干预完全是多余的,国家应多提倡自由发展。19世纪末,乔治·卡特利特·马歇尔从客观实际出发,在综合古典经济学派和边际效用学派的基础上建立了新古典学派。新古典经济学在坚持市场应自由自主发展的基础之上把关注的重心由生产转为消费。马歇尔认为:"经济学家所说的市场,并不是指任何一个特定的货物交易场所,而是指任何地区的全部,在这个地区中,买主与卖主彼此之间的往来是如此自由,以致相同的商品的价格有迅速相等的趋势。"③以马歇尔的学说为代表的新古典经济学主导了当时资产阶级经济学界的话语权,直至1936年他的学生约翰·梅纳得·凯恩斯的出现才使得新古典学派走下了"神台"。

　　第三阶段,强干预时期(20世纪30年代—20世纪70年代),凯恩斯主义成为当时的理论主导。席卷整个资本主义世界的1929—1933年经济大危机,推动了凯恩斯主义、制度学派、瑞典学派等政府强干预理论的问世。尤其是苏联社会主义"全能政府"的成功案例,更加强了人们对这些理论的信心。其中影响最大的是凯恩斯学说,此学说认为:"政府不加干预的市场经济会产生有效需求不足,出现周期性危机,需要政府采取积

---

① [英] 大卫·李嘉图:《李嘉图著作和通信集》(第八卷),寿进文译,商务印书馆1987年版,第95页。
② [法] 萨伊:《政治经济学概论》,陈福生、陈振骅译,商务印书馆1982年版,第144页。
③ [美] 马歇尔:《经济学原理》(下卷),陈良璧译,商务印书馆1981年版,第18页。

极措施来加以清除和弥补。主张加强政府干预经济的力度：一是重视财政政策的作用,通过国家兴办公共工程等直接投资和消费来弥补私人消费和投资的不足,提高国民收入,实现充分就业;二是重视货币政策的有效性,通过货币总量控制来调整利息率,刺激投资,增加有效需求,达到充分就业;三是主张搞赤字财政,用举债方式兴办资本项目,增加投资,增加有效需求,增加就业总量;四是要求政府不仅要干预生产,还要干预分配,创造有利条件,刺激经济增长,维护社会公正。"[1]总之,凯恩斯经济理论的诞生,表明西方经济思潮已经从经济自由主义转向了现代国家干预主义,加之其迎合了资本主义的发展需要,挽救了处于危机旋涡的资本主义制度,所以,第二次世界大战以来凯恩斯主义始终是西方各国政府强化其经济职能的有力武器。但政府干预也有它的应用边际,并非处处好使。因而,降成本提效率才是政府努力的方向。

20世纪中期,凯恩斯主义的继承者内部发生思想分化,最终分为两派——"新古典综合派"和"新剑桥学派"。前者以保罗·萨缪尔森、詹姆士·托宾等为代表,他们将凯恩斯的宏观理论和新古典学派的微观理论进行了"综合",把资本主义经济称为"混合经济",认为市场和政府都在其中发挥着重要作用,并指出"没有政府和没有市场的经济都是一个巴掌拍不响的经济"[2]。新古典综合派将政府的作用归纳为"确立法律体系;决定宏观经济政策;影响资源配置以提高经济效率;建立影响收入分配的合理机制"[3]四个方面。后者以英国经济学家琼·罗宾逊等人为代表,他们认为资本主义社会的主要问题是分配制度的不公正,所以,公正合理的

---

[1] [英]凯恩斯:《就业、利息和货币通论》,徐毓枬译,商务印书馆1983年版,第97页。

[2] [美]保罗·A.萨缪尔森、威廉·D.诺德豪斯:《经济学》,高鸿业译,中国发展出版社1992年版,第87页。

[3] [美]同上书,第1169—1170页。

分配制度是解决资本主义社会问题的关键。

第四阶段,减少干预时期(20世纪70年代—20世纪90年代),新自由主义理论在这一时期盛行。彼时石油危机①引发了经济滞涨和高失业率,而凯恩斯主义面对这种现实却束手无策,这给了新自由主义经济思想机会。新自由主义是以批判凯恩斯主义学说的形式出场的。新自由主义经济学派包括现代货币学派、新古典宏观经济学派、供给学派、公共选择学派等。以米尔顿·弗里德曼为代表的货币学派,力主重新实行自由放任政策,并认为市场缺陷与失灵虽然可怕,但与政府缺陷或失灵相比却危害很小。以罗伯特·卢卡斯为代表的新古典宏观经济学派以理性预期假说、自然率假说和市场出清假说为基础,全盘否定宏观经济政策的有效性,认为凯恩斯主义经济理论是错误的,从而将预期变量内生化并引入宏观经济分析,强调了个体的心理预期对整个经济活动的影响。以阿瑟·拉弗为代表的供给学派主张用企业的自由经营取代政府干预,但支持供

---

① 石油危机(Oil Crisis),指世界经济或各国经济受到石油价格变化的影响,所产生的经济危机。迄今被公认的三次石油危机,分别发生在1973年、1979年和1990年。第一次危机(1973):1973年10月第四次中东战争爆发,为打击以色列及其支持者,石油输出国组织的阿拉伯成员国于当年12月宣布收回石油标价权,并将其原油价格从每桶3.011美元提高到10.651美元,使油价猛然上涨了两倍多,从而触发了第二次世界大战之后最严重的全球经济危机。持续三年的石油危机对发达国家的经济造成了严重冲击。在这场危机中,美国的工业生产下降了14%,日本的工业生产下降了20%以上,所有工业化国家的经济增长都明显放慢。第二次危机(1979):1978年底,世界第二大石油出口国伊朗的政局发生剧烈变化,伊朗亲美的温和派国王巴列维下台,引发第二次石油危机。此时又爆发了两伊战争,全球石油产量受到影响,从每天580万桶骤降到100万桶以下。随着产量的剧减,油价在1979年开始暴涨,从每桶13美元猛增至1980年的34美元。这种状态持续了半年多,此次危机成为20世纪70年代末西方经济全面衰退的一个主要原因。第三次危机(1990):1990年8月初伊拉克攻占科威特以后,伊拉克遭受国际经济制裁,使得伊拉克的原油供应中断,国际油价因而急升至42美元的高点。美国、英国经济陷入衰退,全球GDP增长率在1991年跌破2%。国际能源机构启动了紧急计划,每天将250万桶的储备原油投放市场,以沙特阿拉伯为代表的石油输出国组织也迅速增加产量,很快稳定了世界石油价格。

给学派的人屈指可数，反对的人却大有人在。以布坎南为代表的公共选择学派在政治学中引入了经济学的方法和观点，使二者实现了有效对接，同时在政府决策和社会、个人选择之间架起了一座桥梁。

第五阶段，适度干预时期(20世纪90年代至今)，新凯恩斯主义是其理论基础。20世纪80年代西方国家私有化、自由化的推行虽然减少了政府财政赤字，但公共服务质量并未提高，失业率依然居高不下。新自由主义理论的失误，致使20世纪90年代西方经济不断下滑，在这种情况下一些新自由主义者转向新凯恩斯主义，主张政府必须对经济进行"适度"干预、履行公共服务职能，新的政府职能理论由此产生，主要有"新公共管理""新公共服务""善治"。这属于治理范畴，在国外学术界关于治理理论研究的文献综述部分将予以详细论述。

总之，西方政府职能理论主要是围绕自由主义和国家干预主义展开的，或者是二者的有机结合，这形成了西方学术界的主流。西方政府职能理论的发展进程，可以视作这两种学说此消彼长的过程。仅从理论自身来说，这两种政府职能理论之间不仅相互对立，而且相互统一。所以，这两大理论之间的博弈，在某种程度上可以为国家决策层实现国家与社会之间的动态平衡提供理论根据。就此而言，研究西方政府职能理论就不能只简单关注理论内容，而应在内容的基础上探究理论内部联系及其实践效果。事实上，现代西方学者已经清醒地意识到：政府、社会和市场自身都存在着致命弱点，只有两种政府职能理论彼此融合、优势互补，才能共荣。在实践中，国家干预主义也主张自由竞争和自由贸易，自由主义也承认一定范围内的国家干预。

二、国内学术界关于政府职能转变的研究

国内学术界对政府职能转变的研究始于党的十一届三中全会后，学

者们除了从不同的角度研究政府职能基本理论,还对新的历史背景下政府职能转变及其可能路径进行了探讨。概而言之,可以分为两个阶段:

第一阶段(20世纪70年代末—20世纪90年代末),政府职能转变理论探讨和反思的重点是政治型政府转为间接经济型政府的发展路径问题。

党的十一届三中全会实现了从以阶级斗争为纲向以经济建设为中心的转变,相应政府也被界定为经济建设型政府。随着1992年做出建立社会主义市场经济的决定,政府社会管理职能得到强化,经济职能则由政府直接干预转向了间接宏观调控。学者们的研究主要集中在四个方面,取得了以下成果:其一,在政府职能转变的理论依据上,强调适应从产品经济向有计划的商品经济转变的需要,政府应该放弃直接管理而实行间接管理;为了扩大社会主义民主,政府应当简政放权;为了推动政府行政管理的科学化现代化水平,政府必须抛弃以往大包大揽的管理方法,转变职能提高效率,把该管的事务管好。其二,在政府职能转变的目标上,应当建立一种符合有计划的商品经济的科学的、民主的、法制的、现代的行政管理体系。其三,在政府的经济管理职能上,强调经济管理职能是我国政府职能的重心,经济职能的转变是政府职能转变的中心问题,为了使政府职能顺利地转变,必须完善社会主义市场机制,发展各类市场。其四,在制约政府职能转变的条件上,认为封建及"左"的思想、政府的组织结构和管理方式落后、干部素质低下、行政经济法规不健全等因素制约着政府职能的转变。[①]

第二阶段(21世纪初至今),政府职能转变的理论探讨和反思重点是怎样构建服务型政府、如何建设"有限型"政府。

跨入21世纪,新技术的涌现、全球化的影响和网络信息的普及,对政

[①] 徐兆明:《转变中的政府职能》,《政治学研究》1986年第5期。

府职能提出了新的标准,即成为全面小康社会引领者、节约型社会践行者、环境友好型社会组织者与和谐社会的领导者。迎合这一时代特征的学者们从以下方面展开研究:其一,对不同历史时期政府职能的特征、产生背景、利弊进行了研究探讨。其中,吴敬琏将中国改革历史分为行政性分权、增量改革和整体推进阶段,对之进行关联性分析,指出改革之前政府职能对于现阶段政府职能转变具有必要性和重要性。① 金太军等在深刻剖析全能型政府职能产生的原因和特点的前提下,认为"全能型政府虽然在特定历史阶段具有积极意义,不过对经济社会可持续发展构成制约和阻碍,这种政府职能模式一定程度上影响着中国的现代化进程"②。其二,全方位、多角度探讨政府职能转变的制约因素。施雪华认为:"市场、体制和政策是驱动政府职能转变的主要力量,三者在不同的行政环境下,其强弱力量对比形成了不同的政府职能模式。"③李梅娟认为:"经济发展、社会稳定、公民意识提升以及全球化等因素要求政府转变自身职能。"④罗峰认为:"政府职能转变的动力结构来源于国内外环境中相关主体带来的压力,其中,政治支持、市场质量、社会组织和国际规则等因素综合作用,促使政府调整职能。"⑤郑小强则是从系统动力学视角去分析政府职能转变的,他认为:"影响政府职能转变系统包括推动力系统、牵引力系统、自我更新系统和支撑力系统。政府职能转变在特定社会、政治和经济环境下进行,规律分为外因和内因两种,来自环境的外部力量和政府及体制的内部力量共同作用于政府职能,经济体制改革和政治体制改革构

---

① 吴敬琏:《当代中国经济改革》,上海远东出版社 2004 年版,第 45 页。
② 金太军等:《政府职能梳理与重构》,广东人民出版社 2002 年版,第 46 页。
③ 施雪华:《政府职能转变模式与政府能力比较》,《学习月刊》2005 年第 3 期。
④ 李梅娟等:《政府职能转变的动力和阻力分析》,《辽宁行政学院学报》2010 年第 4 期。
⑤ 罗峰:《浦东综合改革中政府职能转变的动力、路径与启示》,《理论与改革》2011 年第 4 期。

成了政府职能转变的支持力系统,决定着政府职能转变的方向。"①另外,陈国权从社会发展的维度审视政府职能,主张"政府主导社会发展,社会转型与政府职能转变相互影响,在中国社会转型的背景下,政府职能转变对推动社会转型起着关键作用"②。其三,最近几年政府职能转变研究重点集中在服务型政府和简政放权上。刘雪华提出:"政府职能转变是服务型政府建设的必然要求和实现途径,只有明确政府职能转变的方向,确定政府职能重心,合理调整政府管理权限,综合运用恰当的政府管理方式,才能保证服务型政府建设的顺利进行。"③朱光磊、于丹认为:"中国在经济不断发展、市场不断完善的情况下,应当深化和细化对政府公共服务职责的认识,更有必要在此基础上把转变政府职能工作推进到新的阶段。"④孟庆国指出:"从大的方面说,简政放权是通过转变职能,进一步理顺政府、市场和社会的关系;从小的方面说,简政放权是对政府职能事项进行规范化调整和精细化管理。"⑤孙彩红认为:"政府职能转变是行政体制改革的核心与重要内容,转变政府职能当然也是简政放权,转变政府职能和简政放权需要做到'三个放权'(向市场放权、向社会移权、向地方分权)和'三个加强'(加强市场监管职能、加强维护公平正义的职能、全面保障发展民生的职能)。"⑥政府管理的着力点在间接宏观调控而非直接干预,政府职能转变的路径和目标更加明朗。

---

① 郑小强:《政府职能转变动力机制研究——系统动力学观点》,《上海行政学院学报》2013 年第 5 期。
② 陈国权:《社会转型与有限政府》,人民出版社 2008 年版,第 9—26 页。
③ 刘雪华:《论服务型政府建设与政府职能转变》,《政治学研究》2008 年第 4 期。
④ 朱光磊、于丹:《建设服务型政府是转变政府职能的新阶段——对中国政府转变职能过程的回顾与展望》,《政治学研究》2008 年第 6 期。
⑤ 孟庆国:《简政放权背景下创新政府职能管理的方法路径》,《国家行政学院学报》2015 年第 4 期。
⑥ 孙彩红:《新时期政府职能转变与简政放权的辩证法》,《天津行政学院学报》2013 年第 5 期。

综上所述,政府职能转变应从当前社会实践需要出发,依据不同阶段的工作重点和具体形势适时而变,否则将导致"错位"现象发生。"政府职能转变的本质就是一种适应性变化,随外部生态环境的变化,理性的政府会有意识地对其子结构和内容不断进行调整,使其发展成新的形态,以谋取它与环境的动态平衡,进而实现其对经济增长和社会发展的现实推动。"[①]所以,学界对中国政府职能转变提出了两条研究路径:坚持市场导向政府职能观的一方,通常会适应中国的现实,创造出恰似"搅拌机"的政府职能模式;坚持政府干预主义政府职能观的一方,也根据中国发展现实,开创性地提出"引导型的政府职能模式"。事实上,这两条研究途径最终都走向了融合:目标皆为寻找适合"中国特色社会主义市场经济"的政府职能模式,任务都是既要保持政府的强而有效又要实现市场的活力四射。

第二节 国家治理的历史与现状梳理

一、国外学术界关于国家治理的研究

20世纪70年代,西方发达资本主义国家普遍在经过了一个快速发展期之后,受"石油危机"的打击,经济社会发展又出现了不同程度的衰退。同时,因为长期奉行凯恩斯主义,政府职能急剧膨胀,政府日常开支剧增,加之实行全民终身社会福利制度,财政赤字持续增大,所以政府承受着巨大的财政压力。另外,逐渐膨胀的政府规模致使政府机构庞大、效率不高,民众不满情绪与日俱增。因此,此时西方发达国家政府普遍处于"三重危机"(财政危机、管理危机和信任危机)围困之中。在市场失灵与

---

① 钱振明:《现代政府职能的发展趋势及本质》,《社会主义研究》1996年第1期。

政府失效的双层拷问之下,治理理论因势而生,西方学者意在利用建构多元协作治理模式来克服市场与政府的缺点,由此也推动西方政府的行政改革理论从传统公共行政发展到了新型的公共行政理论,即"新公共管理""新公共服务""善治"。

新公共管理理论的代表人物有克里斯托弗·波利特、欧文·休斯、戴维·奥斯本和特德·盖布勒等。新公共管理理论以公共选择理论和新制度经济学为蓝本,以理性"经济人"假定为逻辑始点,认为政府和企业的管理没有什么实质性不同。"管理就是管理……用于组织和激励雇员的机制,在公共部门和私营部门都同样适用。"①主张借鉴私营部门管理经验、管理知识、管理技能和管理工具来管理公共部门,引进私营部门的管理模式,引入市场竞争机制,实现公共部门管理制度创新,从而使政府像企业一样高效运作,政府官员像企业家一样控制成本并树立顾客至上理念,建设企业型政府,是一种市场式的政府治理模式。

戴维·奥斯本和特德·盖布勒在其著作中系统论述了新公共管理理论的思想。在此书中他们设计了改造政府的十项原则,形成了新公共管理的基本内容:"(1)起催化作用的政府:掌舵而不是划桨;(2)社区拥有的政府:授权而不是服务;(3)竞争性政府:把竞争机制注入提供服务中去;(4)有使命感的政府:改变照章办事的组织;(5)讲究效果的政府:按效果而不是按投入拨款;(6)受顾客驱使的政府:满足顾客的需要,不是官僚政治的需要;(7)有事业心的政府:有收益而不浪费;(8)有预见的政府:预防而不是治疗;(9)分权的政府:从等级制到参与和协作;(10)以市场为导向的政府:通过市场力量进行变革。"②这本书为美国1993年的"重

---

① [美]盖·皮德斯:《欧洲的行政现代化:一种北美视角的分析》,国家行政学院国际合作交流部译,国家行政学院出版社1998版,第76—77页。
② [美]戴维·奥斯本、特德·盖布勒:《改革政府:企业家精神如何改革着公共部门》,周敦仁等译,上海译文出版社1996版,第1页。

塑政府"改革提供了理论依据。时任总统克林顿对这本书的评价极高："美国每一位当选官员应该阅读本书,我们要使政府在20世纪90年代充满新的活力,就必须对政府进行改革。该书给我们提供了改革的蓝图。"①

另外一些学者也从不同角度对新公共管理的内容阐述了各自看法,有学者认为新公共管理至少应该有以下八个特点:(1)政府的宏观调控替代了政府直接提供服务;(2)公共决策程序的简化和灵活化;(3)节约公共开支以开展革新实践;(4)公共权力分散化、决策与执行机构相分离并建立常任文官主导的自治执行局;(5)为竞争而实行私有化政策;(6)灵活的领导风格与人事管理程序;(7)伴随决策权、管理权的放宽而产生了公务员的公共责任制;(8)实现以客观事实、既定结果(政府绩效)和顾客为导向的公共政策选择。

劳伦斯·R.琼斯和弗雷德·汤普逊也概括出了新公共管理改革的五个"R":"restructuring(重构)、reengineering(重建)、reinverting(重塑)、realigning(重组)、rethinking(重思)。"②五个"R"都是从服务职能入手对政府展开再造。政府的本质是提供服务,其中科学的制度供给尤为重要,能够最大限度地控制交易成本。建设现代服务型政府,并不是要放弃政府的别的职能,也不是用简单的具体的服务名目代替政府职能,而应在建章立制上下功夫,打造一个现代化、科学化、制度化的公共服务环境,这才是政府公共服务职能的本质表现。

综合上述新公共管理学者的理论和见解,我们不难发现新公共管理希望达到的目标是:"提高公共部门的资源配置效率和工作效率;增加政

---

① [美]戴维·奥斯本、特德·盖布勒:《改革政府:企业家精神如何改革着公共部门》,周敦仁等译,上海译文出版社1996版,封面页。
② Lawrence R. Johnes and Fred Thompson, *Public Management: Institutional Renewal for the Twenty First Century*, Stamford: JAI Press, 1999, p.32.

府各种计划、项目的有效程度;通过职能转移,缩小公共部门及其人员的规模,削减政府的预算开支;丰富和改善公共部门提供的产品和服务的质量;增强公共服务对公众需求的反应力,使公众更加容易获得公共服务;增加行政行为的透明度,使公共权力内部化的机会最小化;完善公共机构的责任机制,使公共机构及其主管人员更好地对政务官和议会负责。"[1]为了实现这些目标,新公共管理者构建了实现路径:第一,优化政府职能。新公共管理突破了政府一统的管理格局,政府不再仅仅关注"过程",而更看重"结果"。政府的职责是提供政策并加强监督("掌舵")而非执行政策("划桨")。政府是社会多元治理主体的组织者、协调者,扮演的是"掌舵者"的角色,并非社会治理的唯一主导者,社会团体、市场主体等亦可参与社会事务的管理。政府引导、培育、监督市场和社会团体,协同管理社会公共事务,共同进行公共产品和公共服务的供给。第二,实行企业化管理。政府和企业在管理上并没有实质性的不同,企业卓有成效的管理手段、方式和技术一样可以在政府部门使用。"政府首先有必要引入'企业家精神',改造行政文化,进而形成充满生机和活力的具有创造精神和良好应对或应变能力的政府。"[2]大量引进私营部门的管理理念、理论、技术和模式,可以改进和弥补政府管理的缺点和漏洞,提升政府的执行力和优化政府公共服务质量。第三,将市场竞争机制引入政府管理之中。"为了提高政府效率,优化公共产品,降低行政成本,引入市场竞争机制是唯一可靠的选择。"[3]在政府管理中引入市场竞争,让社会组织和市场主体都有权利提供公共产品和公共服务,在社会、市场、政府内部之间进行竞争,从而使社会管理和公共服务的成本大幅降低,质量极大提高。第四,政府要树立顾客导向理念。传统公共行政体制下,公民只能被动地接受政府提供的服务。新公共管理主张管理要坚持顾客导向,政府好比处

---

[1][2][3] 张国庆:《公共行政学(第三版)》,北京大学出版社2007年版,第587页。

于市场浪潮中的企业,提供的服务就像企业的产品,公众则是顾客,政府工作重心要围绕公众的需求,只有提供公众满意的公共产品和公共服务,才能获得他们对政府的支持,树立合法性统治权威。

新公共管理理论受到了新公共服务理论的猛烈攻击和尖锐批评,新公共服务理论强调市场绝对不可能纠正政府失效,只有坚持公共管理的公共取向、民主取向或社群取向才是唯一可行的路径。其基本观点如下:"服务而不是掌舵。政府应该帮助公民表达和实现他们的共同利益,而非试图在新的方向上控制或驾驭他们。公共利益是目的而不是副产品。政府行政的目标不是在个人利益的驱使下找到解决问题的行动方案,而是要创造共同利益和共同责任。战略地思考,民主地行动。符合公共需要的政策和计划,通过集体努力和协作的过程能够最有效地、最负责任地得到贯彻执行。服务于公民而不是顾客。政府不仅要满足回应'顾客'的需要,更要聚焦于公民并在公民之间建立信任与合作关系。"[①]新公共服务的政府治理实际上走的是公共行政的宪政主义传统路线,主张参与式国家或授权式国家,强调公民、公民权利和公共利益。

在深刻和全面剖析传统公共行政理论的基础上,整合新公共管理理论和新公共服务理论的善治理论应时而生。善治理论提出了"良好治理"的口号,重在探寻国家治理社会的有效模式。要而言之,善治就是为公众谋取最大利益的社会治理过程,其根本特征就是实现政府与公民通过良好协作共同管理公共事务,是政治国家与公民社会的一种全新体现,是二者的完美契合。克劳德·斯莫茨认为善治须具备以下四个要素:"(1)公民安全得到保障,法律得到尊重,特别是这一切都须通过司法独立、亦即法治来实现;(2)公共机构正确而公正地管理公共开支,亦即进行有效的

[①] [美]珍尼特·V. 登哈特、罗伯特·B. 登哈特:《新公共服务:服务而不是掌舵》,丁煌译,中国人民大学出版社2010年版,第5—7页。

行政管理;(3)政治领导人对其行为向人民负责,亦即实行职责和责任制;(4)信息灵通,便于全体公民了解情况,亦即具有政治透明性。"①俞可平通过归纳中国学者在善治问题上的观点,总结出善治的六个基本要素:"(1)合法性。即善治要求有关的管理机构和管理者最大限度地协调各种公民之间以及公民与政府之间的利益矛盾,以便使公共管理活动取得公民最大限度的同意和认可。(2)透明性。即与公民利益相关的政府政策信息能够及时通过各种传媒为公民所知,以便公民能够有效地参与公共决策过程,并且对公共管理过程实施有效监督。(3)责任性。即管理人员和管理机构由于其承担的职务而必须履行一定的职能和义务。(4)法治。即法律是公共政治管理的最高准则,任何政府官员和公民都必须依法行事,法律面前人人平等。(5)回应。即公共管理人员和管理机构必须对公民的要求做出及时的和负责的反应,不得无故拖延和没有下文。(6)有效。即管理机构设置合理,管理程序科学,管理活动灵活,且能最大限度降低管理成本。"②善治本质上是将社会看作国家权力行使的主体,善治要求还政于民,实现政府与公民之间的良性协作。综上所述,尽管善治理论仍然处于不断地发展与完善之中,但是它冲破了过去一以贯之的两分法思维,即市场与计划、政府与企业、国家与公民的二元对立,实现了两者的共建共治共享。"它力图发展起一套管理公共事务的全新技术;强调管理就是合作;它认为政府不是合法权力的唯一源泉,公民社会同样也是合法权力的来源;它把治理看作当代民主的一种新的实现形式,所有这些都具有积极意义。"③

---

① [法]克劳德·斯莫茨:《治理在国际关系中的正确运用》,肖孝毛译,《国际社会科学》1999年第2期。
② 俞可平:《治理和善治》,社会科学文献出版社2000年版,第9—10页。
③ 俞可平:《治理与善治引论》,《马克思主义与现实》1999年第5期。

二、国内学术界关于国家治理的研究

伴随中国融入全球化的程度不断加深,中国社会的整体转型势在必行,这也对国家治理模式提出了新的要求。实践推动理论发展,国内学者在20世纪90年代开始研究与治理相关的理论,旨在为中国量身打造一种新的治理模式。十八届三中全会前后中国对治理的研究存在差异,可将其发展分为两个阶段:

第一阶段(20世纪90年代—2013年11月9日),主要探寻国家治理概念和转型期国家治理的模式。

国内学界大体从三个视域探寻国家治理的含义:一是从国家治理的政权视域进行界定。刘家义认为:"国家治理是通过配置和运行国家权力,对国家、社会各项事务进行管理、控制,以达到保证国家持续健康稳定发展的目的。"[1]陈春常把国家治理定义为:"国家通过配置和运作公共权力,执行一定的政治理念,始终围绕着特定秩序,对公共事务进行调控、引导和支配,保持良性和可持续发展的善治状态和过程。"[2]二是从学科区分的视域进行界定。学者们依据各学科的差异性对国家治理做出了具有各自学科特点的定义。如站在政治学立场的徐湘林提出:"在现代政治分析中,国家治理通常首先指国家的最高权威通过行政、立法和司法机关以及国家和地方之间的分权,从而对社会实施控制和管理的过程。国家治理首要的和最基本的目的是维护政治秩序,以及保障政府能够持续地对社会价值进行权威性的分配。"[3]站在经济学立场的张慧君等

---

[1] 刘家义:《论国家治理与国家审计》,《中国社会科学》2005年第6期。
[2] 陈长春:《转型中的中国国家治理研究》,华东师范大学出版社2010年版,第87页。
[3] 徐湘林:《转型危机与国家治理:中国的经验》,《经济社会体制比较》2010年第5期。

学者认为可将国家治理概括地看作"在一个既定范围内维系秩序运转的所有公共部门、私人部门的正式和非正式的制度安排、组织形态和治理机制,以及它们之间的互动过程。国家治理的最终目的是通过政府、市场与社会的相互协调,以管理促进资源的有效配置,并推动社会经济的持续、全面、均衡发展,从而满足社会成员的需求"①。三是从国家治理方式变迁的视域进行界定。国家治理是一种管理国家的方法,其产生与发展是社会形态变迁的结果。据此,王伟昌认为:"作为对公共行政范式的替代,从传统公共行政(或新公共行政)到治理的变化,绝不仅仅是名词的更新或对传统行政管理手段的修正,而是体现了人们对公共部门管理的全新的认识,构成了一种新的范式、新的理念。"②杨慧从统治、管理与治理的概念梳理入手,主张"公共管理核心理念的变迁……是人类不断追求民主,回归自我管理,永不言弃,不断超越的历程"③。因为每个学者研究视域的不同,国家治理的界定存在很大差异性。但仔细推敲这些国家治理的定义就不难发现,它们实际上殊途同归,都主张政府是国家治理的主导,社会事务是国家治理的对象,实现社会的有效治理是国家治理的目标。

  国家治理模式是保证国家安全有序发展、达至善治的基本方式,因而在对国家治理问题展开研究时,国家治理模式的探讨也必然包含其中。唐亚林、郭林"以社会经济制度变迁而引发的阶级关系新变化为主线,以党和国家重要文献对不同阶段各阶级与阶层政治地位的定位为依据",认为"中国国家治理模式经历了阶级统治模式、由阶级统治模式向阶层共治

---

① 张慧君、景维民:《国家治理模式构建及应注意的若干问题》,《社会科学》2009年第10期。
② 王伟昌:《统治、管理、治理——政府工具的新治理范式变迁》,《四川行政学院学报》2005年第2期。
③ 杨慧:《从统治到治理:公共管理核心理念的变迁》,《湖北社会主义学院学报》2006年第3期。

模式过渡时期、阶层共治模式三个演变过程"①。张慧君认为："经济转型是一场规模空前的制度变迁过程，它促使转型国家退出传统的全能主义国家治理模式，迈向政府、市场、公民社会三元并存与互补的现代国家治理模式。"②刘婷婷等认为："从政府、市场与社会三者的基本关系来看，传统社会主义国家无疑都形成了一种政治经济权力高度集中，政府以计划排挤市场并深入渗透和控制社会的'全能主义'国家治理模式。伴随着转型的全面启动，转型国家的政府、市场与社会关系发生了剧烈重构。"③

第二阶段（2013年11月9日以后），主要研究国家治理现代化的实现路径。

自党的十八届三中全会第一次明确提出"推进国家治理体系和治理能力现代化"的新论断之后，国家治理问题便成为研究的热点，且产生了大量优质研究成果。研究成果主要集中于以下两个方面：

一方面是关于国家治理体系和治理能力现代化概念的界定和基本特征的探寻。第一，关于"国家治理体系"的概念，学者研究视域有两个——系统论视域和制度论视域。从系统论视域出发，有学者提出"国家治理体系是治理主体基于自身职能而推进国家实现稳定与发展目标的有机系统，其核心就在于党的领导、人民当家作主、依法治国的有机统一"④，并指出："在我国，国家治理体系是党领导人民管理国家的制度体系，包括经

---

① 唐亚林、郭林：《从阶级统治到阶层共治——新中国国家治理模式的历史考察》，《学术界》2006年第4期。
② 张慧君：《经济转型与国家治理模式演进——基于中国经验的研究》，《经济体制改革》2009年第2期。
③ 刘婷婷、张慧君：《转型深化进程中的国家治理模式重构》，《俄罗斯研究》2008年第3期。
④ 胡洪彬：《国家治理体系和治理能力现代化研究回眸与前瞻》，《学习与实践》2014年第6期。

济、政治、文化、社会、生态文明和党的建设等各领域的体制机制和法律法规安排。"①可以说,此类见解对于国家治理体系科学内涵的全面揭示是富有启迪意义的。从制度论视域出发的学者认为国家治理体系就是狭义的制度设计。辛向阳提出:"国家治理体系是指按照一定的治理理念确立起来,使国家能够顺利运行的体制机制。"②田芝健认为:"国家治理体系是一系列国家治理制度的集成和总和。"③俞可平主张:"国家治理体系是规范社会权力运行和维护公共秩序的一系列制度和程序。"④第二,关于"国家治理能力"的概念,学者研究视域有两种——主体能力研究视域和制度能力研究视域。从主体能力视域出发进行研究的学者认为"国家治理能力是指国家在管理社会政治、经济、文化事务过程中,为实现国家治理的战略目标,分配社会利益并实现对社会生活的有效控制和调节的能量及其作用的总称"⑤,并提出:"政府是国家治理的责任主体,国家治理能力主要就是政府的治理能力,具体而言主要表现为政府的公信力、责任力、执行力、监督力和服务力等五个层面。"⑥从制度能力视域出发进行研究的学者力主国家治理能力是"国家通过自身制度打造强能力结构体系,并据此向社会输出其治理举措、达成治理目标的行动力"⑦。韩振峰认为,国家治理能力是指"运用制度体系管理国家和社会各方面事务

---

① 李抒望:《正确认识国家治理体系和治理能力现代化》,《求知月刊》2014年第5期。
② 辛向阳:《推进国家治理体系和治理能力现代化的三个基本问题》,《理论探讨》2014年第2期。
③ 田芝健:《国家治理体系和治理能力现代化的价值及其实现》,《毛泽东邓小平理论研究》2014年第1期。
④ 俞可平:《民主法治:国家治理的现代化之路》,《团结》2014年第1期。
⑤ 戴长征:《中国国家治理体系与治理能力建设初探》,《中国行政管理》2014年第1期。
⑥ 竹立家:《国家治理体系重构与治理能力现代化》,《中共杭州市委党校学报》2014年第1期。
⑦ 魏治勋:《"善治"视野中的国家治理能力及其现代化》,《法学论坛》2014年第2期。

的能力"①,许耀桐则认为,它是指"运用国家制度管理社会各方面事务的能力"②。第三,在"国家治理体系"与"治理能力"的关系上,国内学者虽然表达有异,但基本上都认为二者是一个相互联系的有机整体,是国家治理的两个方面,并认为只有实现二者共同发展、齐头并进,国家整体的治理水平才能提高。如俞可平认为:"国家治理体系和治理能力是一个有机整体,推进国家治理体系现代化与增强国家治理能力,是同一政治过程中相辅相成的两个方面。有了良好的国家治理体系,才能提高国家治理能力;反之,只有提高国家治理能力,才能充分发挥国家治理体系的效能。"③许耀桐也指出:"有了一套完备良好的国家治理体系,才能提高一国治理能力;提高了国家治理能力,才能充分展示和发挥出一国治理体系的效能。"④第四,关于"现代化"的含义,学界研究视域包括结构方式的创新和制度的创新。持前一观点的学者提出:"国家治理体系的现代化的核心要旨在于以现代治理理念重构公共权力,实现国家治理的范式转换,中心内容则是行政体系的自我再造,直接目标则是提升政府的治理能力,打造民主、法治、高效的现代行政体系,为国家的'善治'创造条件。"⑤高小平提出:"治理能力现代化是指把治理体系的体制和机制转化为一种能力,发挥其功能,提高公共治理能力。"⑥持后一观点的学者认为:"国家治理体系和治理能力现代化的提出,标志着我们对现代化认识的四个突出层面:制度建设的目标、制度体系的建设、治理者运用制度和法制的能

---

① 韩振峰:《怎样理解国家治理体系和治理能力现代化》,《人民日报》2013年12月16日。
②④ 许耀桐、刘祺:《当代中国国家治理体系分析》,《理论探索》2014年第1期。
③ 俞可平:《国家治理体系的内涵本质》,《理论导报》2014年第4期。
⑤ 魏治勋:《"善治"视野中的国家治理能力及其现代化》,《法学论坛》2014年第2期。
⑥ 高小平:《国家治理体系与治理能力现代化的实现路径》,《中国行政管理》2014年第1期。

力、中国特色社会主义现代化的核心命题。"①郑言认为:"国家治理体系现代化就是要适应时代特点,通过改革和完善体制机制、法律法规,推动各项制度日益科学完善,实现国家治理的制度化、规范化、程序化;国家治理能力现代化是指不断适应社会主义现代化建设的需要,增强依法按照制度治国理政的本领,把各方面制度优势转化为管理国家的能力和水平。"②第五,学者们也对国家治理体系与治理能力现代化的基本特征进行了探讨,但大都从国家、市场和社会的关系方面研究。高小平主张:"国家治理体系与治理能力现代化的基本特征是政府、市场、社会关系布局合理,公共权力结构优化,民主发展,法治健全。"③李树林提出:"国家治理体系与治理能力现代化的特征有国家机制、市场机制、公民社会机制的互相支撑与平衡;法治与德治的有机统一;民主与效率的相互补充与协调。"④

另一方面是对于国家治理现代化的实现路径研究。国家治理现代化不仅是一个理论问题,更是一项现实任务,具有很强的实践性。针对如何构建现代国家治理体系和推进国家治理能力现代化,学界提出了多样化的具体路径。第一,在国家层面,实现政府、市场、社会关系的动态平衡至关重要。薛澜等提出:"中国要达到良治,就必须把以简政放权为核心的行政体制改革、以释放活力减少经济性规制的市场改革、以能力建设为核心的社会建设三者有机地结合起来从而实现三者的有机互动和系统推进。"⑤

---

① 王庆五、陈蔚:《国家治理体系和治理能力现代化:中国的发展战略与路径转换》,《江苏行政学院学报》2014年第3期。
② 郑言、李猛:《推进国家治理体系与国家治理能力现代化》,《吉林大学社会科学学报》2014年第2期。
③ 高小平:《国家治理体系与治理能力现代化的实现路径》,《中国行政管理》2014年第1期。
④ 李树林:《推进国家治理体系和治理能力现代化》,《内蒙古日报》2013年12月20日。
⑤ 薛澜、李宇环:《走向国家治理现代化的政府职能转变:系统思维与改革取向》,《政治学研究》2014年第5期。

胡宁生主张:"在整个国家治理体系中,由政府、市场和社会三者的协同和互动构成的中层子系统起着关键作用,它既传递和体现着顶层核心子系统的功能,又支撑和促进着底层保障层子系统的生成。"①第二,在法治层面,现代化国家治理应该是规则之治、法治之治,要把法治贯彻其中。彭中礼在这方面观点鲜明地提出:"从目的论层面来说,需要转变'公民—国家'关系和'国家—社会'关系;从价值论层面来说,需要合理平衡'公平—效率'关系和'权利—权力'关系;从方法论层面来说,要从根本上摒弃人治方式和管制思维,实现'法治中国'。"②夏克勤认为:"国家治理现代化与法治建设存在密切关联,法治是国家治理现代化的核心灵魂、基本方式与评判标准,必须通过贯彻法治理念实现国家治理理念、治理方式、治理模式、治理系统及治理能力五个方面的现代化。"③唐皇凤也认为:"法治秩序是现代国家治理的基本特征,法治既是推进国家治理体系必须遵循的基本原则,也是提升国家治理能力现代化的根本手段和可靠保障。"④第三,在制度层面,设计科学合理的国家制度是现代化国家治理建设的保证和根基。李放表明:"现代国家制度建设是中国国家治理能力现代化的战略选择和首要前提,是国家治理的有效基石。因此要着力提高中国共产党的执政能力,以政治、经济、文化、社会、生态五大领域的现代国家制度建设为重点,构建国家—市场—社会三者之间的多元治理模式。"⑤张贤明指出需要"通过完善和发展相关制度,保障制度体系的整合力与权威

---

① 胡宁生:《国家治理现代化:政府市场和社会协同互动》,《南京社会科学》2014年第1期。
② 彭中礼:《推进国家治理体系和治理能力现代化的法理阐释》,《中共中央党校学报》2014年第1期。
③ 夏克勤:《以法治方式促进国家治理现代化》,《当代江西》2015年第5期。
④ 唐皇凤:《构建法治秩序:中国国家治理现代化的必由之路》,《新疆师范大学学报》2014年第8期。
⑤ 李放:《现代国家制度建设:中国国家治理能力现代化的战略选择》,《新疆师范大学学报》2014年第4期。

性,提升制度结构的科学性和运转效能,国家治理体系创新和治理能力提升才能有更加坚实的根基"①。

总而言之,国内学者对于国家治理的研究,是立足于中国的现实国情、为满足中国现代化建设和改革实践的需要而进行的。学者们从自己的研究兴趣和学缘背景出发,以21世纪的中国为研究对象,对国家治理的相关理论展开了研讨,对国家治理现代化的背景、内容、量化标准、现实困境等问题进行了客观公正的研究和探索,以期为中国国家治理现代化找到一条具有可操作性的实现路径。

第三节　国家治理现代化视域下政府职能转变的历史与现状梳理

同上述政府职能及国家治理研究成果的蔚为大观不同,在中国知网以"国家治理现代化视域下的政府职能"为关键词,仅能检索到5篇期刊论文和1篇硕士论文。

薛澜等学者认为:"推进国家治理体系和治理能力现代化为我国进一步深化行政体制改革指明了方向。政府治理毫无疑问是国家治理体系的重要组成部分,在推动国家治理现代化的过程中扮演着重要角色。无论是建立完善的市场体系,还是培育成熟的社会体系抑或是推动政府内部治理结构的改革完善,都取决于政府角色的现代转型。"基于此,在国家治理现代化的总体目标下,其文章主要论述了"政府职能转变在国家治理现代化的进程中扮演着什么样的角色？现代国家政府职能经过了怎样的演

---

① 张贤明:《以完善和发展制度推进国家治理体系与国家能力现代化》,《政治学研究》2014年第2期。

变历程,中国政府职能转变的逻辑与这一历程是否一致？中国要建立与现代化的治理结构相适应的政府职能还需要具备哪些问题意识？基于这些问题意识的改革原则和取向是什么？"①等一系列问题。

唐兴军等学者指出:"政府作为公共权力的行为代理人,既是制度体系的安排者,也是公共服务的主要供给者,更是推动国家治理现代化的行动者。因此,国家治理体系的构建与治理能力的提升有赖于政府职能转变与能力提升。在传统国家治理中,政府经历了从统治走向管理的转变,在国家治理现代化背景下,政府职能转变应把促进社会公平正义,实现公共利益最大化的善治作为价值取向;政府的目标模式是构建公民、市场与社会共同参与的治理型政府,强调多元治理主体间的协作共治。从改革实践来看,唯有正确处理政府与市场、社会间的关系,优化和精简政府组织结构,构建治理型、灵巧型、服务型与法治型政府,方能有效提升政府能力,推进国家治理能力与治理体系现代化。"②

张晓峰表明:"政府职能转变作为实现国家治理现代化的必然要求,必须纳入国家治理法治化轨道,运用法治思维和法治方式,在法律框架内进行,通过建立和完善行政法律规范体系,合理规范权力运行,建设善治意义上的治理服务型法治政府,以更好地体现现代国家治理所内蕴的现代法治精神,加速向现代国家转型,并在这个过程中不断依法解决国家治理现代化中的各种问题,更好地体现制度的正义和自信。"③

黄博则聚焦于地方治理现代化,他提出:"政府职能转变是南京综合改革的核心内容,是治理现代化的题中应有之义,是反腐倡廉的治本之

---

① 薛澜、李宇环:《走向国家治理现代化的政府职能转变:系统思维与改革取向》,《政治学研究》2014年第5期。
② 唐兴军、齐卫平:《治理现代化中的政府职能转变:价值取向与现实路径》,《社会主义研究》2014年第3期。
③ 张晓峰:《依法推进政府职能转变与国家治理现代化》,《上海行政学院学报》2016年第1期。

策,在南京治理现代化中具有十分重要的功能定位。因此,南京应该通过治理型政府建设、进一步分权放权厘清权力边界、明确政府权力配置和创新政府治理机制与规范权力运行推进政府职能转变来实现治理水平的提升,进而促进地方治理的现代化。"①

王永莉认为在现代化的国家治理中政府市场监管职能尤为重要,因此对国家治理体系现代化视域下政府市场监管职能的必要性、特征、内容与方式等进行了探寻,也对我国政府市场监管职能的现状、问题及其根源进行了研究和分析,并从公共行政学的维度对走向国家治理现代化过程中我国政府的市场职能提出了新要求,以促进市场在未来资源配置中更好发挥基础性作用。②

总之,几位学者对在建设国家治理现代化的过程中政府发挥的作用、推进政府职能转变的必要性、现代国家政府职能演变的逻辑和我国政府职能转变的历程、我国政府职能应该如何因势而变等方面进行了客观理性的研究和分析,以期我国在国家治理现代化的总体目标下,找到与之相适应的政府职能转变总体思路和操作路径,为完善和发展中国特色社会主义制度提供理论支持。但对于国内学术界而言,此问题的研究才刚刚起步,成果有限且未形成系统完善的理论体系,有待进一步从理论与实证层面挖掘补充,在某种程度上这也为本书提供了创新的可能。

---

① 黄博:《南京治理现代化背景下的政府职能转变》,《中共南京市委党校学报》2014年第6期。
② 王永莉:《国家治理体系现代化视域下政府市场监管职能研究》,硕士学位论文,海南大学,2015年7月。

第二章 核心概念与理论基础

- 第一节 核心概念的界定
- 第二节 国家治理现代化与政府职能转变的关系
- 第三节 国家治理现代化理论对科学社会主义理论的贡献

第二章 核心概念与理论基础

"国家治理体系和治理能力现代化是十八届三中全会提出的新的重大命题,体现了未来中国治理体系改革的'全新政治理念'。"[①]国家治理现代化作为一种理念和人类政治发展的普遍趋势,是现代国家所特有的概念,它是在扬弃国家统治和国家管理基础上形成的。我国现在提出的国家治理现代化理论,是对马克思主义治国理论的丰富和发展,也推进了马克思主义中国化时代化新境界的开辟。理论的价值在于指导实践,在国家治理现代化理论的指导下,中国正在大力推进国家治理现代化,在此过程中政府职能转变至关重要,因此必须处理好国家治理现代化与政府职能转变的关系,实现二者的良好互动,推动国家治理现代化的早日实现。

第一节 核心概念的界定

概念是对事物本质的追寻,它是展开逻辑推理的前提与根基,亦是进行省思、评价、诠释和分析的根本依据,为了认识真理,在一定程度上我们要赋予其特殊的含义,而这一使命是依靠型构概念来实现的。[②] 政治学研究亦是循此轨迹,政治问题的探讨和争鸣通常走向"术语"本真含义的争鸣。为明晰议题的本真含义的深度与广度,有必要先对牵涉的核心概念予以界说和厘定。

---

① 俞可平:《国家治理现代化须超越任何群体局部利益》,2013年11月30日,http://news.ifeng.com/。
② [英]安德鲁·海伍德:《政治学核心概念》,吴勇译,天津人民出版社2008年版,第4—5页。

一、治理

"治理"一词是由詹姆斯·马奇和约翰·奥尔森提出的,他们合著的《组织中的二重性与选择》中使用了"大学治理"的提法。但治理真正为世人所熟知和广泛使用是在1989年世界银行提出"治理危机"(crisis in governance)一词之后,从那个时候开始,在政治发展中"治理"常被用来说明后殖民地和发展中国家的政治发展现状。例如,1992年世界银行年度报告的标题就为"治理与发展";联合国开发署则将一份1996年的年度报告题目命名为"人类可持续发展的治理、管理的发展和治理的分工"。

在汉语中,"治理"起初是作为词汇使用的,常常以类似"治水、整治、修治"等词组形式出现。归纳来看有以下含义:一是指统治和管理过程。如"治国无法则乱""治大国若烹小鲜""治国之道,必先富民""为无为,则无不治""修身、齐家、治国、平天下"。上述的"治"就是指管理、统治,是它的最本真和质朴的含义,鲜明地揭示了当时社会的阶级关系。二是指国家发展的理想状态,意为稳定、太平,它的反面就是"乱"。"国治而后天下平""明于治乱"中的"治"皆指国泰民安、祥和太平。三是指管理国家、服务社会的具体过程。"治其大礼""今治水军八十万众,方与将军会猎于吴"。伴随社会发展,治理也突破了政治学的界域而在其他学科得以广泛运用,用来指称管理过程抑或管理行为。

在英语中,"治理"(governance)从拉丁文和古希腊文发展而来,意为操控、指引。在现实发展中它经常和"统治"(government)一词交错运用,主要指国家的政治活动和对社会事务的管理。《牛津词典》把"治理"定义为:"一是统治方法,指统治的行为或方式;二是指运用权威进行控制或支配。治理的这两种含义相当于政府统治,指统治者或管理者通过公共权力运作,管理公共事务,支配、影响和调控社会。"①"实际上,无论中外古今,治理作为政治词汇,都是围绕着公共权力展开的,反映了国家与社会之间的关系。"②

自20世纪80年代始,学界对"治理"有了新的认识,提出"治理"与"统治"的本质是截然不同的,认为"治理"的主体更为宽泛,除政府外,还包括市场、社会和个人等。20世纪90年代以后,"治理"一词在英语世界的社会科学领域迅速崛起并得到广泛传播,形成了"到处是治理"的局面。与此相伴,西方政治学家和经济学家也有意将"治理"与"统治"相区别,在对"治理"含义进行创新基础上,将其应用范围拓展到了其他领域。治理理论的主要创始人之一詹姆斯·罗西瑙就认为:"治理是一系列活动过程中的管理机制,它们虽未得到正式授权,但却能有效发挥作用。与统治的差异在于治理是一种由共同理想支持的活动,这些管理活动的主体有可能不是政府,也不需要依赖政府的强制力来予以实现。治理是一种内涵更为丰富的现象,既包括政府机制,也包含非正式、非政府的机制。"③

罗伯特·罗茨在《新的治理》中强调:"治理标志着政府管理含义的深刻变化,它是作为一种改变了的有序统治状态,在政府治理层面有以下几种含义:(1)治理是国家最小的管理活动,是指国家通过精减公共开支,以最低的投入获取最大的效益。(2)作为新公共管理的治理,是指在政府的公共服务中引入市场的激励机制和私人部门的管理手段。(3)作为善治的治理,是指在公共服务体系中提倡效率、法治和责任原则。(4)作为社会控制体系的治理,是指政府、市场与社会的合作与共享。"

---

① 赵光勇:《治理转型、政府创新与参与式治理》,博士学位论文,浙江大学,2010年。
② 徐勇:《GOVERNANCE:治理的阐释》,《政治学研究》1997年第1期。
③ [美]詹姆斯·罗西瑙:《没有政府的治理》,张胜军、刘小林等译,江西人民出版社2001年版,第5页。

格里·斯托克在梳理已有"治理"含义的基础上,从五个方面对"治理"进行了定义:"(1)治理意味着各种公共的和私人的机构只要其行使的权力得到公众认可,就都可以和政府一样成为权力中心。(2)治理意味着在为社会和经济问题寻求解决方案的实践中会出现界限和责任的模糊。(3)治理主体在出现危机时容易产生权力倚赖。(4)治理主体最终会形成发号施令自治网络。(5)政府治理除过发号施令或运用权威外,还可以使用新的方法和技术。"①

俞可平对"治理"的界定是基于其与"统治"的辨析而完成的,他认为"治理"与"统治"仅仅从字面上看好像没有什么区别,但如果仔细辨别,二者却存在质的不同:"第一,治理和统治虽然都需要权威,但统治的权威一定是政府,而治理不仅可以是政府,也可以是社会公共机构和社会私人机构,抑或二者的结合。这是治理与统治二者的本质区别。第二,治理和统治过程中权力运行的向度不同。统治下的权力运行向度是自上而下单一式的,而治理下的权力运行向度是上下互动的、多元的。第三,治理有着比统治更高的目标。治理在于实现'良好的治理'或'善治',在社会管理过程中实现公共利益最大化,实现政府与公民合作管理公共生活。"②

关于治理,一些国际组织也进行了解说。世界银行将其定义为:"为获取发展而运用国家权力对社会经济和资源过程进行管理的方式。"③联合国开发计划署界定为:"国家运用社会、政治和经济等各种手段来管理社会事务。治理是社会的自我管理,是国家、社会、公民和私人部门之间

---

① [英]格里·斯托克:《作为理论的治理:五个论点》,华夏风译,《国际社会科学》1999年第1期。
② 俞可平:《治理与善治引论》,《马克思主义与现实》1999年第5期。
③ [英]鲍伯·杰索普:《治理的兴起及其失败的风险:以经济发展为例的论述》,漆燕译,《国际社会科学杂志》1999年第1期。

的互动。"①全球治理委员会认为:"治理是公共部门或私人机构运用多种方式管理公共事务,协调彼此冲突或利益差异,采取一致行动的一种持续过程,囊括有权迫使民众服从的正式制度和规则,也涵盖各种非正式的制度安排。"②

综上可见,由于国内外学者及有关机构的研究视域、侧重点和出发点等方面的差异,"治理"概念呈现出多样化特点且尚未形成统一明确定义,不同定义间的界定也存在较大差别。虽然学者们在治理含义及使用维度上有分歧,并且这些分歧给我们的实践也带来了巨大困惑,但他们关于治理的定义并非相互悖斥的,如若对这些定义加以提炼整合,便有望产生一个科学而合理的定义。由此,本书将"治理"定义为在一定范围内运用权威来维持某种特定秩序,以满足各方利益需求,从而最大限度地增进公共利益的过程。这个概念呈现出了治理的核心要素:第一,治理主体,不仅包括国家和政府,而且包括权力得到公众认可的公共机构和私人机构,其中国家和政府仍然发挥着主导性的作用。第二,治理客体,指进行社会实践活动的广大公民。第三,治理模式,形似网络运行模式,即治理主体相互之间通过平等参与、谈判和协商,实现共享共治。第四,治理路径,这是一个主客互动的管理过程,既有规范的规章制度的存在,也有道德习俗的软约束。第五,治理目标,达至善治,即实现公共利益最大化的管理过程和治理状态。

二、国家治理与国家治理现代化

(一) 国家治理

政治问题永远离不开国家这个中心。马克思主义国家理论就是19

---

① 国际行动援助中国办公室编译:《善治:以民众为中心的治理》,知识产权出版社2007年版,第9页。
② 全球治理委员会:《我们的全球伙伴关系》,牛津大学出版社1995年版,第25页。

世纪各种政治问题发展的产物,也是现如今我们研究和探讨国家治理的基本理论根据。"国家问题,现如今无论在理论抑或政治实践方面,都具有纲举目张的意义。"①在人类的发展历史中,无论是意欲建立政治统治,还是意欲巩固政治统治,"无论是行政机构权力的合理分配、社会保障的提供和公共财政再次划归,还是经济的规划、某个生产和公共服务部门的发展,国家始终在政治生活中发挥着非常重要的作用"②。约翰·霍尔和约翰·艾坎伯雷认为:"国家至少应该包含三个基本因素:首先,国家是以暴力与强制力为特征的机构,这些机构是由国家控制的。其次,国家机构的界限以地理领土划分,对内关注民生,对外维护国家利益。最后,国家是其域内规则秩序的唯一制定者。"③

对于在人类社会发展中国家存在的价值,主要有三种观点:自由主义、现实主义和马克思主义。

自由主义理论认为,市场会自发调节经济生活,这只隐形的手会促使国家经济生活的有序发展,政府被定位为市场的"守夜人",为经济发展遮风挡雨。管得最少的政府才是最好的政府,国家应力争不干预或少干预经济活动。"一个野蛮国家蜕变为富足国家,只要具备和平秩序、少量的税收和公正的行政管理,剩下的事情就会自然而然地发生。"④第二次世界大战后,伴随全球资本主义的经济危机与政治危机,凯恩斯主义应运而生,力主放弃自由放任政策,进行国家干预。但在应对遍及所有发达资本主义国家的"滞涨"危机时,凯恩斯主义却无计可施,加之福利国家的落井

---

① [苏]列宁:《列宁选集》(第3卷),人民出版社1972年版,第171页。
② [法]让-皮埃尔·戈丹:《何谓治理》,钟震宇译,社会科学文献出版社2010年版,第8页。
③ [美]约翰·霍尔、约翰·艾坎伯雷:《国家》,施雪华译,吉林人民出版社2007年版,第2页。
④ 同上书,第4—5页。

下石,对国家干预政策的质疑声逐渐增多,现实主义便有了滋生的土壤,它强调国家的价值在于维护秩序,即遏制掠夺与恐怖。但第三世界国家目前却有着与发达资本主义国家不同的历史任务,任务之一即国家建设,民族稳定、国家提供秩序的价值在发展中国家表现得尤为突出。出于安全考虑,强大国家的创建变得很必要,以建立和创造人类生存发展所需的适宜的秩序和物质财富,缺少这些,现代化就是空中楼阁,就是虚无。

马克思主义的观点主张国家是社会形态更替的基本力量。但国家自始至终都具有阶级倾向性,永远是为统治阶级利益服务的,它制定的规章制度也是为了维护统治阶级利益。"国家是从抑制阶级冲突的需要中产生的,同时又是在这些阶级的冲突中产生的。"①"国家是一定历史阶段的产物;国家预示:这个国家陷入了无法解决自我矛盾的深渊,整个社会分裂为水火不相容的两个对立面而无法自拔。而为了使这些利益对立面不致在无谓的斗争中把自己和社会消灭,就需要有一种表面上凌驾于社会之上的力量,这种力量能够缓解矛盾,把冲突限制在'秩序'的范围以内。这种产生于社会内部但又超越社会之上并且日益同社会相脱离的力量,就是国家。"②这是马克思主义对于国家产生的最权威的界说,表明国家的价值在于保持"秩序"、维护利益。

从马克思主义对国家起源的论述我们可以发现,国家本质在于:首先,国家是阶级矛盾无法调和的产物。"到现在为止,所有社会形式为了保护自我都依靠暴力,更有甚者是凭借暴力建立的。这种精巧的经过设计的暴力叫做国家。"③在阶级社会,国家是统治阶级利益的集中维护者,

---

① [德]马克思、恩格斯:《马克思恩格斯选集》(第四卷),人民出版社1995年版,第172页。
② [德]马克思、恩格斯:《马克思恩格斯选集》(第四卷),人民出版社1992年版,第166页。
③ [德]马克思、恩格斯:《马克思恩格斯全集》(第二十卷),人民出版社1971年版,第681页。

这是国家治理的逻辑原点和价值基础。国家既能依靠国家机器和暴力机关来建立国家和维持社会安定，也能利用它们实现社会的转型。其次，国家可以缓解矛盾，把冲突限制在"许可"的界限内。国家要维护阶级利益，必须依靠法律和制度把国家权力转化为权威，使统治阶级意志实现合法化，换言之，无论国家采取何种统治形式，它本质上都是为统治阶级服务的。国家借助立法机关将统治阶级意志合法化为国家的规章制度，以国家和全社会的名义来实现自己的利益。在出现矛盾冲突时，如若国家的立场始终与社会不一致，就会抛弃其作为社会普遍利益代表的承诺。最后，供给基本公共服务是国家治理的基本要件。"国家是以一种与社会固定成员相分离的特殊的公共权力为前提的。国家作为超越于社会之上并且逐渐同社会相脱离的力量，为获得权威和实现合法性，总是以'第三者'姿态出现"[1]，即国家是以社会普遍力量的"化身"来治理的。

20世纪90年代产生的治理理论，实际上反映的是当代经济和社会在现代化和全球化背景下的重大转型，更是对统治和管理两种传统政治模式所引发的各种不可治理性问题的理性对策性回应。"如若治理能够领悟、映射并利用现代社会的变动性、复杂性与多样性，那么，这个社会就会是一个健康的社会和能够自我驾驭的社会。"[2]

与统治与管理相比，治理代表着未来发展方向，它意味着传统国家—社会关系的灭亡和新型国家—社会关系的诞生。在新型关系中，"国家之外的其他力量被更多地重视，国家的中心地位则更多地被国家、社会和市场的新组合所代替。国家、社会以及市场会以新的方式构成一个有效治理的网络，克服政府和市场在调控和协调过程中的不足，以应对国家失效

---

[1] [德] 马克思、恩格斯：《马克思恩格斯选集》（第二十卷），人民出版社1995年版，第94页。

[2] 俞可平：《治理与善治》，社会科学文献出版社2000年版，第236页。

和市场失灵以及传统政治社会格局中的不可治理性"①。特别需要指出的是,在国家、社会和市场构成的治理网络中,国家发挥元治理者的功能与作用。杰索普认为:"由于所使用的协调方法、面临的治理对象加之新旧目标彼此的不兼容,国家的角色是在其余子系统失灵的时候,以最高权力机关的身份采取'最后一着'的弥补应对,它不但是各个子系统能够协调合作的主要组织者,也是其失效时的最后求援目标,可在子系统之间出现矛盾或对治理有异议时充当'最后仲裁',是'兄弟姐妹中的老大',本质上,国家扮演着居中斡旋的身份。"②

括而言之,国家治理是指国家为了达到"善治"或"良好的治理",运用公共权力,执行一定的政治理念,通过制度、法律、政策等方式,对公共事务进行调控、引导和支配的活动与过程。具体包含:第一,国家治理主体除以国家为主导的政府外,还包括市场和被社会公认的一些公共与私人机构组织,在整个治理体系中,不同治理主体彼此之间相互合作协调、共同生发作用,其中政府、市场和公民社会组织起到分庭抗衡、相互制约的作用,国家扮演元治理者的身份。主张国家权力的所有者、管理者和利益相关者通过多种治理形式共建共治共享管理。第二,国家治理的客体是社会公共事务,其领域涵盖一国之内所有与人民利益相关的事务,国家可根据社会发展的现实和人民的实际需求而确定其工作的重心。第三,国家治理在理念上坚持科学与理性并举,对国家权力设置和运行实行上下互动、沟通协商的形式,着力打造由上至下的政府引导式治理和由下至上的民众参与式治理有机融合的治理途径,从而实现善治。第四,国家治理坚持合法化的治理手段,通过综合运用制度、法律和规范等手段实现有效

---

① 王诗宗:《治理理论及其中国适用性》,浙江大学出版社2009年版,第40—41页。
② [英]鲍勃·杰索普:《治理的兴起及其失败的风险:以经济发展为例的论述》,漆燕译,《国际社会科学杂志》1999年第1期。

治理。第五,国家治理坚持国家政权的管理者向国家政权的所有者负责,坚持增进公共利益同维护公共秩序并举,实现行政问责和"两个公共"目的是国家治理最核心的方面。一言概之,"国家治理实际上是调动了各治理主体参与国家治理的积极性和主动性,实现了国家的管理者向所有者负责的治理、多元行动者协商协议协同基础上的治理、政府治理、市场治理、社会治理机制合作互补的治理、公共利益得到增进、公共秩序得到维护的治理,同时也是实现公共利益需求最大化的治理"①。

(二) 国家治理现代化

党的十八届三中全会提出:"全面深化改革的总目标是完善和发展中国特色社会主义制度,推进国家治理体系和治理能力现代化。"②可见,国家治理现代化包括国家治理体系现代化和国家治理能力现代化。

1. 国家治理体系和国家治理能力

"所谓国家治理体系,包括了经济治理、政治治理、社会治理、文化治理、生态治理、政党治理等多个领域以及基层、地方、全国乃至区域与全球治理中的国家参与等多个层次,是国家实施国家治理目标的基本制度体系。"③用中国的现实来度量,它可以分解为密切相关的三个制度体系:一是国家法律制度体系,这是国家和社会行为规则的制度体现,主要包括宪法、法律法规及相关规章制度等。这些基本由立法机关和行政机关负责制定。二是党的制度体系。党章是中国共产党的生活准则和行为规范,是党的行为制度化的依据。党的制度体系包括党的选举制度、民主集中制、党委负责制等。三是社会的制度体系,包括"人民代表大会制度、中

---

① 何增科:《理解国家治理及其现代化》,《马克思主义与现实》2014年第1期。
② 《中共中央关于全面深化改革若干重大问题的决定》,《人民日报》2013年11月16日。
③ 江必新:《国家治理现代化基本问题研究》,《中南大学学报(社会科学版)》2014年第3期。

国共产党领导的多党合作和政治协商制度、民族区域自治制度和基层群众自治制度"①。

"国家治理能力则是运用国家制度管理社会各方面事务的能力,包括改革发展稳定、内政外交国防、治党治国治军等各个方面。"②"国家治理能力就是国家实现国家治理目标的实际能力,是国家制度执行能力的集中体现。国家综合治理能力不是政府多项能力的简单相加,而是所有能力构成的一个有机整体。"③用中国的现实来度量,它可以被分解为彼此密切相关的三个能力:一是国家机关履行职能和执行政策的能力。这主要是指国家机关履行自己的法定职责和执行政策的能力,实现国家治理目标的能力。这当中最关键的一环是中央政府调动四级地方政府实现共享共治的能力。二是人民当家作主的能力。这主要是指作为人民权力行使者的政府及其工作人员如何充分与权力的所有者人民进行互动的能力,真正做到让人民当家作主的能力。三是国家制度的建设和创新发展能力。运动是绝对的,静止是相对的。只有坚持与时俱进,才能紧跟时代步伐,不为时代所淘汰。制度体系是国家治理的载体,是国家治理能力能否建成的必备条件。国家治理制度的建设与变革如果滞后或者与时代不兼容,势必也会制约和限制国家治理能力。所以国家制度的建设和创新发展能力理应是国家治理能力的潜在组成部分。

从根本上说,国家治理体系与国家治理能力是构成特定国家治理的"骨骼"与"血肉",二者"是一个有机整体,相辅相成,有了好的国家治理

---

① 习近平:《决胜全面建成小康社会,夺取新时代中国特色社会主义伟大胜利——在中国共产党第十九次全国代表大会上的报告》,《人民日报》2017年10月18日,第1版。
② 习近平:《切实把思想统一到党的十八届三中全会精神上来》,http://news.xinhuanet.com。
③ 施雪华:《政府综合治理能力论》,《浙江社会科学》1995年第5期。

体系才能提高治理能力,提高国家治理能力才能充分发挥国家治理体系的效能"[1]。国家治理体系与特定国家的政治制度密切联系,国家治理体系从根本上说是体现了国家治理的属性和类型。作为一种根本的国家制度,国家治理体系在一定历史阶段、在社会阶层分层保持基本不变的条件下具有极强的稳定性,它决定着国家治理机制的发展路径和发展方向,制约着治理机制发展的空间和运行效果。而国家治理能力的提升则是治理体系功能实现的路径和手段,要适应体系的需要和发展。国家治理能力尽管受国家治理体系的制约和决定,是其现实实现手段,但在实践中国家治理能力并非一味地被动迎合国家治理体系,而是恰如其分地融入现代化建设中,为国家治理体系各项功能的发挥提供力所能及的服务,实现二者的共同进步、共同发展。

2. 国家治理现代化

现代化一直是近代以来中国社会发展和追求的目标。理论界对于何谓现代化有许多探讨,本书主要借鉴的是张培刚教授的定义,即"全社会范围,一系列现代要素以及组合方式连续发生的由低级到高级的突破性的变化或变革的过程"[2]。由此可见,国家现代化是一个现代化因素由少到多、持续积累的过程,是传统因素不断减少消逝和现代化因素不断增加产生的过程。就是在国家的发展和社会全面建设中尽可能地依靠科技知识、制度资源、能源资本、教育文化和通信信息等现代要素进行生产资料生产、积累大量社会财富。它是全社会的整体变化,是思维方式、生活方

---

[1] 习近平:《切实把思想统一到党的十八届三中全会精神上来》,http://news.xinhuanet.com。

[2] 张培刚将"工业化"定义为"一系列基要生产函数,连续发生变化的过程"(张培刚:《农业与工业化:农业国工业化问题初探》,华中工学院出版社1984年版,第70页)。后来张培刚又将"工业化"定义为"国民经济中一系列基要的生产函数(或生产要素组合方式)连续发生由低级到高级的突破性变化(或变革)的过程"[张培刚:《发展经济学通论》(第一卷),湖南出版社1991年版,第190页]。

式、交往方式等由传统走向"现代"的一种变革。

回顾新中国现代化的历史可以发现,在七十多年的现代化实践中,为了认识现代化和实现现代化,中国走了许多弯路也经历了很多挫折,更是付出了沉重的代价。在社会主义改造完成之后,我国主要主张建设经济现代化。"从1956年党的八大的四个现代化(现代化的工业、现代化的农业、现代化的交通运输业和现代化的国防)到1964年的四个现代化(实现农业、工业、国防和科学技术现代化)"[1],"1975年又重申了四个现代化,使我国国民经济走在世界的前列"[2]。近二十年,中国所建设的现代化,就是要摆脱贫穷,实现经济现代化。改革开放之后,中国对现代化有了全新的认识。党的十二大提出:"大力推进社会主义物质文明和精神文明的建设,继续健全社会主义民主和法制。"[3]党的十二届六中全会首次提出社会主义总体布局:"以经济建设为中心,坚定不移地进行经济体制改革,坚定不移地进行政治体制改革,坚定不移地加强精神文明建设,并且使这几个方面互相配合,互相促进。"[4]党的十六大提出了"经济建设与经济体制改革、政治建设与政治体制改革、文化建设与文化体制改革"[5]的建设思路,为"四位一体"总体布局的提出奠定了基础。党的十七大提出了"四位一体"的总体布局:"要按照中国特色社会主义事业总体布局,全面推进经济建设、政治建设、文化建设、社会建设,促进现代化建设各个环节、各个方面相协调,促进生产关系与生产力、上层建筑与经济基础

---

[1] 周恩来:《周恩来选集》(下卷),人民出版社1984年版,第439页。
[2] 同上书,第479页。
[3] 胡耀邦:《全面开创社会主义现代化建设的新局面——在中国共产党第十二次全国代表大会上的报告》,《人民日报》1982年9月8日。
[4] 《中共中央关于社会主义精神文明建设指导方针的决议》,《人民日报》1986年9月28日。
[5] 江泽民:《全面建设小康社会,开创中国特色社会主义事业新局面——在中国共产党第十六次全国代表大会上的报告》,《人民日报》2002年11月8日。

相协调。"①党的十八大提出了"五位一体"的总体布局："必须更加自觉地把全面协调可持续作为深入贯彻落实科学发展观的基本要求,全面落实经济建设、政治建设、文化建设、社会建设、生态文明建设五位一体总体布局,促进现代化建设各方面相协调,促进生产关系与生产力、上层建筑与经济基础相协调,不断开拓生产发展、生活富裕、生态良好的文明发展道路。"②党的十九大又提出："到建党一百年时建成经济更加发展、民主更加健全、科教更加进步、文化更加繁荣、社会更加和谐、人民生活更加殷实的小康社会,然后再奋斗三十年,到新中国成立一百年时,基本实现现代化,把我国建成社会主义现代化国家。"③对实现现代化的具体时间进行了规划。这样,我国的现代化总体布局已经完成,时间节点已经规划确定。期待着我们采取有效的方式和手段去实现。

国家治理现代化是国家现代化中的重要组成部分,其实现与否及其实现程度影响着国家现代化的路径和可能。所以,国家治理现代化不仅是国家现代化的前提和基础,也是现代国家发展的方向和追求的目标。

那么究竟什么是国家治理现代化呢?本书将其界定为从传统国家向现代国家转型发展中,多元主体协同监督权力行使与维护社会经济秩序,通过成熟的规章制度、完善的治理手段及较高的执行力而持续地、不间断地实现由低级到高级的跨越式发展的过程。这个定义凸显出国家治理现代化包含的两方面内容：

---

① 胡锦涛：《高举中国特色社会主义伟大旗帜,为夺取全面建设小康社会新胜利而奋斗——在中国共产党第十七次全国代表大会上的报告》,《人民日报》2007年10月15日。
② 胡锦涛：《坚定不移沿着中国特色社会主义道路前进,为全面建成小康社会而奋斗——在中国共产党第十八次全国代表大会上的报告》,《人民日报》2012年11月9日。
③ 习近平：《决胜全面建成小康社会,夺取新时代中国特色社会主义伟大胜利——在中国共产党第十九次全国代表大会上的报告》,《人民日报》2017年10月18日。

第二章 | 核心概念与理论基础

一方面是国家治理更加完备、更加成熟、更加定型,基本实现民主化、法治化、文明化和科学化。第一,民主化。"民主即人民的统治或权力,意味着'大多数的统治''主权属于人民的政体''获得同意的政体''人人都享有平等权的政体'。"①民主的目的就是要维护每个个体的自由。它的作用体现在为人们创造了一个环境,提供了一个程序,置于其中的公民可依法享有国家赋予的各种权利和参与国家的政治活动。另外,民主也兼具工具特性,恰如达尔所述民主政体可达到的结果有:"避免暴政、基本的权利、普遍的自由、自主的决定、道德的自主、人性的培养、保护基本的个人利益、政治平等;此外,现代民主还会导致追求和平、繁荣。"②民主政体不但可以使公民有畅通的政治参与渠道,而且能使这种政治参与对政府发生影响,使政府在施政时将人民的利益考虑其中。民主的治理往往从公共利益出发施政,维护社会的公平正义,解决与人民利益攸关的经济社会事务,使人民有很高的生活水平和极强的获得感与幸福感。"政治发展的核心目标是政治民主化,政治民主化指的是一个国家政治体系中的政治体制由缺乏民主条件向着具有较多民主条件逼近或发展的过程,其实质是一种政治体制形态发生大的变化。民主化本身就是谁来授权,谁来监督问责的问题,能不能使人民和人民的代表真正成为授权主体。"③第二,法治化。"法治就是'法的统治',是与人治相对立的一种先进的政治文明和进步的治国方式。它强调法律的权威性要求依据法律原则处理国家的各项事业,使法律成为国家政治、经济和社会生活的基本准则。"④

---

① 王建国、张林林:《改革开放以来中国共产党对依法治国的探索——以国家治理现代化为分析视角》,《党政研究》2015年第2期。
② [美]罗伯特·达尔:《论民主》,李柏光、林猛译,商务印书馆1999年版,第52—53页。
③ 冯志峰:《政治民主化研究文献述评——基于中国运动式治理与政治民主化进程互动关系的观察》,《厦门特区党校学报》2010年第4期。
④ 孙玮:《治国方略的历史性转变》,《攀登》2000年第2期。

"法治也是一种与专制相对立的建立在民主基础上的,以权利和自由为宗旨,以法律为最高权威,以分权与权力制约为政治运行模式的政权结构。它实质上是法制与民主的有机结合,与民主政治、立宪政治或民主宪政是一致的,与专制、独裁或暴政是根本对立的制度架构。"①法治的内在精神突出表现在推崇法律权威至上,倡导法律面前人人平等,主张对公共权力进行制约,关注公民自由和人权的保护。法治的核心要义是良法善治。法治是现代国家治理的基本方式,法治化是现代政治发展的目标。"人类社会的演进轨迹,从某种意义上说,就是一个由传统的非法治社会向近代法治社会转化的过程。"②法治化是与市场化和民主化紧密联系在一起的,从封建专制社会向现代法治社会的转变,是以市场经济的建立和民主政治的发展为前提的。法治化的过程就是个人权威被扬弃、法律权威被建立的过程,是专制统治被扬弃、民主统治被建立的过程,是公民权被张扬的过程。法治化的价值取向就是建立法治社会,使公权力依良法而行,社会依良法而治,公民权利受良法而护。"法治是现代国家治理的基本方式,实行法治是国家治理现代化的内在要求。正是现代法治为国家治理注入了良法的基本价值,提供了善治的创新机制。国家治理现代化的实质与重心,是在治理体系和治理能力两方面充分体现良法善治的要求,实现国家治理现代化。"③第三,文明化。文明即"教化、开化、文明"。文明是一个典型的历史概念,指社会发展到一个高级形态后所累积的精神和物质存在状态,与之相关的社会价值观念和生活方式也内含其中,是现代文明的共有属性与各民族个体差异在物质、精神和制度等方面的有机统

---

① 谢鹏程:《论当代中国的法律权威——对新中国法治进程的反思和探索》,《中国法学》1995年第6期。
② 蒋先福:《契约文明:法治文明的源与流》,上海人民出版社1999年版,第31页。
③ 姚振、郑曙村:《国家自主性视野下我国国家治理现代化的进路》,《福建行政学院学报》2015年第4期。

一。它"由生态—技术文明、物质—财富文明、制度—权力文明、精神—规范文明、生活—行为文明五个层次构成,它们形成了一种五层双质结构"①,是人类社会发展程度的主要反映,也是人类征服自然、发展社会和自我进化的成果展示。用静止的眼光看,文明是人类所取得的一切优秀成果;用发展的眼光看,文明是过程的集合体,永远在路上。文明与落后愚昧相较来说,是人类社会发展、繁荣、富强等多种特征的总和。人类社会摆脱落后愚昧越早,文明程度就越高。所以,社会文明是人类永恒的追求目标和理想状态,国家治理现代化中当然也少不了文明因子。与传统的强制、专政、极权和暴力相较,国家治理特别提倡服务、协商、合作、共治,是一种"善治"。第四,科学化。"科学是人运用实证、理性和臻美诸方法,就自然以及社会乃至人本身进行研究所获取的知识的体系化之结果……科学不仅仅在于已经认识的真理,更在于探索真理的活动……科学也是一种社会职业和社会建制。"②国家治理现代化的过程也是治理科学化的过程,即要做到使治理按照"科学化"标准运行。"现代化作为一个发生在各领域里的涵盖一切方面的变化,在表现最突出的经济与科技进步的背后,是理性的态度与精神。"③国家治理现代化的过程是一个政治与社会各个领域、各个行业既相互合作、相互协调,又相互分离、互有分工的服务共治过程。在这个过程中,国家管理社会的行为不仅专业而且理性,多元主体在社会事务中有较大的自主性,且其治理的专业化和职业化水平在持续提升,政府的主体协调能力、战略政策规划能力也在实践中不断增强,同时,规章制度及程序的有效性日益提高,国家治理的高效化初步呈现。

---

① [美]罗尔斯顿:《环境伦理学》,杨通进译,中国社会科学出版社2000年版,第98页。
② 李醒民:《科学是什么》,《湖南社会科学》2007年第1期。
③ 冯静:《民族主义、现代化与国家——中国现代化道路的诠释与反思》,《西南大学学报》2007年第1期。

另一方面,国家治理现代化在于实现了多领域、多层次的治理结构的全面创新与协同发展。从传统的统治管理迈向现代化"国家治理",实现了从过去国家的"一极之治"向国家、市场和社会的"多极共治"的跨越,主张以服务、协商、合作、共治为依归的治理理念和手段,实现"五位一体"多领域、多层次的治理结构的全面创新与协同发展。具体表现在:首先,现代化国家治理在横向层面实现了最有效和最合理的治理。在政治层面,国家治理的"现代化"体现在国家权力运行的法治化、理性化。国家权力作为一种制度化的有组织的强制性力量,它总是与特定的国家暴力机关和国家制度密切相连,影响和制约着国家和社会的发展。但是,权力是一把双刃剑,在给社会带来积极影响的同时,也会给社会造成极大的负面影响,必须对权力实施强有力的监督。所以,"国家治理现代化的核心就是国家公共权力运行的法治化、制度化和规范化"[1],具体就是"运用宪法和法律来规范权力行使的范围、限度、方式和程序,并设定权力的各种责任,以及追究责任的制裁方式,从而建立起一整套调整权力运行的法律体系,以最终将权力运行纳入法治化的轨道,从而实现国家权力配置法治化、国家权力运行过程法治化、国家权力监督法治化和国家权力支持体系法治化,使国家权力受到法治的规制"[2]。在市场层面,国家治理的"现代化"体现在市场在资源配置中起到决定性作用。此种状态下,市场在资源配置中起支配性作用,治理是以整个社会利益为价值导向,多元行为主体通过协商与合作,共同应对市场变革和经济挑战。现代化的市场治理以普遍社会福利和分配公正为取向,这种取向将促使政府采取兼顾效率与公平的社会分配政策,实现了市场秩序的稳定、公民直接广泛的市场参与、经济增长的可持续性、社会福利与分配正义。在社会层面,国家治理

---

[1] 俞可平:《衡量国家治理体系现代化的基本标准》,《北京日报》2013年12月9日。
[2] 王英津:《论我国权力法治化运行的逻辑建构》,《中国人民大学学报》2000年第3期。

的"现代化"体现在社会的和谐、稳定。社会治理作为一种新的公共治理模式,它强调部分权力向社会的回归,以实现和维护公共利益为目的,主张发挥政府、市场、社会组织和个人等治理主体的各自优势,针对社会发展中出现的各种问题,优化社会基本公共服务供给机制,消解社会冲突,实现社会公正,促使社会和谐、持续、健康发展的过程。在文化层面,国家治理的"现代化"体现为树立正确的价值观。文化治理是国家通过制度安排,通过发挥文化的指引功能增强人们对自身和社会的感悟能力,使人们在心灵深处形成对社会核心价值观稳定的、长久的认同,从而强化人们对本国文化精神内核的理解,激发他们的民族精神、拼搏精神和爱国精神,凝心聚力为社会发展贡献力量。"现代化的治理具体体现在利用文化的社会价值建构功能、社会冲突整合功能、社会发展导向功能、社会结构互动功能促进社会价值形成共识、文明成为主流、利益得到调和、冲突实现消弭、矛盾取得化解,最终实现社会的和谐、稳定、发展和进步。"[1]在生态层面,国家治理的"现代化"体现为坚持可持续发展,实现生态文明。生态治理是一种多元参与的治理方式,它强调在市场配置资源的基础上发挥政府、市场、社会和公民的作用,形成一股合力,通过合作、协商、伙伴关系共同维护良好的生态环境。现代化的治理要求社会发展以资源环境承载能力为基础,以自然规律为准则坚持可持续发展、人与自然和谐共处,做到社会发展、生活富足、生态优美的完美契合。其次,现代化国家治理实现了横向和纵向的完美融合,达到了整体治理。现代化国家治理的目标在于解决民众普遍关心的涉及其切身利益的社会问题,包括消弭差异性政策彼此间的对立和抵触,消弭不同项目彼此间的重复,增强不同部门及利益攸关者之间的合作,提高公共服务的水平,避免部门之间的不当竞争造成的资源浪费。在此种情况下,它会重新整合社会资源,"为公众提

---

[1] 谢新松:《文化的社会治理功能研究》,博士学位论文,云南大学,2013年6月。

供满足其需要的、无缝隙的公共服务,从而达致整体性治理的最高水平"①,它既是整体性治理所追求的目标,也是解决碎片化困境的最有效路径。这种整合的优势在于其是一种立体式整合,是层级整合、功能整合和公私部门整合的有机结合,如图1所示:

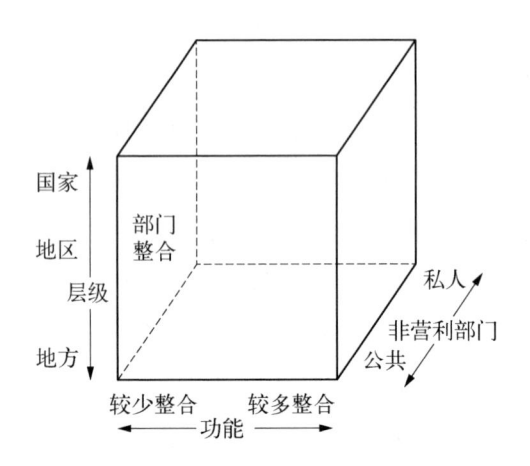

图1 三维立体的整体性治理整合模型

此模型具有"三维性",形如正方体有"长""宽""高",凸显着国家治理的整体性与延展性。"高"代表纵向治理层级整合,包括地方、地区、国家等层级,上下层级之间将利用日益密切的交流和方便发达的网络平台来探讨和处理彼此遇到的问题,这里也包含着国家层级,主要指的是中央和地方政府之间的关系处理,就像中国的中央、省、市、县、乡镇五级政府间关系的处理;"长"代表的是横向政府与非政府间的整合,即有效地处理政府、市场和个人之间的公共事务,政府和社会资本合作模式(PPP模式)是它们之间共治共享共建的典型;"宽"代表的是功能性整合,既可以是同一部门内部之间的整合,也可以是部门与部门之间的外部合作。功能性

---

① 翁士洪:《整体性治理模式的兴起——整体性治理在英国政府治理中的理论与实践》,《上海行政学院学报》2010年第3期。

整合是以伙伴关系的建立为基础的,各治理主体可以通过共同建立的制度性和非制度性的协议来合作,实现对于公共事务的良好治理。在现代化国家治理下,这种整合已经制度化、程序化、法制化,是一种长期性的而非临时性的存在,能够长久发挥作用。

三、政府职能与政府职能转变

政府职能是公共行政管理学科的基本问题,与之关联的政府职能转变是社会发展向现代政府提出的一个重大挑战。"概念指引人们进行探寻,概念诠释是探寻创新的逻辑始点。"出于研究的需要,我们必须先厘清它们的基本概念。

(一)政府职能

1. 政府职能含义

职能通常是用来形容事物的职责和功能。政府职能是对政府行为的总体描述,它主要用来说明政府"该做何事""如何做"的问题。政府职能是一个与现实实践联系密切的动态的概念,学者们对其含义的研究一般是从职责、功能、任务等方面展开的。

"政府职能"这个概念最初并不是产生于政治学界或公共行政与公共管理领域,而是在"1986年第一次作为一个带有普遍性的概念由经济学界引到中国学术界的"[①]。在这之后,越来越多的学者开始研究"政府职能"。但长期以来各方莫衷一是,存在"一个概念、多种表述"的现象,仍未形成被广泛认可的统一的概念。概而言之,学界的研究视域主要有四个,即作用说、任务和职责说、职能和功能作用说、职责和功能说。

---

① 朱光磊:《现代政府过程》,高等教育出版社2006版,第78页。

"作用说":把政府置于社会这个大环境中来界定其职能,认为政府职能就是它的作用。例如许文惠就持这种观点,认为"政府职能就是一个社会的行政体系在整个社会系统中所扮演的角色和所发挥的作用"①。齐明山则强调:"政府职能是政府在国家和社会中所扮演的角色和应起的作用,也即政府根据社会需要而拥有的功能。"②

"任务和职责说":把政府职能置于公共行政的视域中,认为其充其量就是一种任务和职责。张国庆提出:"行政职能又称公共行政职能,在某些条件下亦称政府职能。概括地说,行政职能是狭义的政府即国家行政机关承担的国家职能,是相关政治权利主体按照一定的规则,经由一定的过程,通过多种表达形式实现彼此价值观念和利益关系的契合,从而赋予国家行政机关在广泛的国家政治生活、社会生活过程中的各种任务的总称,是国家行政机关因其国家公共行政权力主体的地位而产生,并由宪法和法律加以明示规定的国家行政机关各种职责的总称。"③张康之也认为:"政府职能是指政府在一定时期内基于国家和社会发展的需要而承担起来的管理国家和社会公共事务方面的基本职责。"④

"职能和功能作用说":把政府职能概括为其所履行职能、发挥的功能与作用。"行政职能是指行政机关在管理活动中的基本职能和功能作用,主要涉及政府管什么、怎么管、发挥什么作用的问题。"⑤

"职责和功能说":在前人研究的基础上,将政府职能归纳为政府的职责和功能。认为"政府职能是政府在国家和社会生活中所承担的职责和功能。具体地说就是政府作为国家行政机关,依法在国家的政治经济

---

① 许文惠、齐明山、张成福:《行政管理学》,人民出版社1997年版,第78页。
② 齐明山:《行政学导论》,中国人民大学出版社2006年版,第34页。
③ 张国庆:《行政管理学概论》,北京大学出版社2001年版,第45页。
④ 张康之:《公共行政学》,经济科学出版社2010年版,第101页。
⑤ [希腊]亚里士多德:《政治学》,吴寿彭译,商务印书馆1965年版,第36页。

以及其他社会事务的管理中所应履行的职责及其所应起的作用"①。

由上可知,尽管学者们对政府职能的定义很多,但是仔细辨别就会发现他们都是从狭义政府视域来研究政府职能的。狭义定义从公共行政学科来界定政府职能,认为政府就是行政,这样政府的作用界域仅在行政中;相反,从广义层面来定义政府职能,政府的作用界域就相对宽广。但是无论是基于狭义的研究还是立足广义的界说,学者们认可度比较高的要数"职责和功能说"。例如,谢庆奎就主张政府职能是政府职责和政府功能的总称,认为"政府职能就是政府在国家和整个社会管理中所应承担的职责和所具有的功能。它不仅规定了政府必须具有的属性,也涉及政府'应该做什么''不应该做什么'"②。另外,朱光磊③、李文良④、金太军⑤等也持有相同的观点。"职责和功能说"既重视政府应该履行的职责,又对这种职责的运用边际进行了严格的厘定,使政府既履责又不犯规。职责说到底就是权与责的结合,权责的有机统一是政府职能的理想状态。因而,"职责和功能说"最具实践性和解释力,本书也是在这个意义上使用政府职能概念的。

2. 政府职能分类及基本内容

政府是国家公权力的行使机关,其职能是维护社会经济发展和人民生活所需的正常的社会秩序。从多个维度研究政府职能,有利于更深地理解其本质。通常政府职能有以下几种分类:

"二职能说":把政府职能分为两类。例如:"马克思、恩格斯把政府

---

① [英]亚当·斯密:《国民财富的性质和原因的研究》,郭大力、王亚南译,商务印书馆1974年版,第270页。
② 谢庆奎、王平:《中国政府体制分析》,中国广播电视出版社1995年版,第126页。
③ 朱光磊:《现代政府过程》,高等教育出版社2006版,第76页。
④ 李文良等:《中国政府职能转变问题报告:问题·现状·挑战·对策》,中国发展出版社2003年版,第78页。
⑤ 金太军等:《政府职能梳理与重构》,广东人民出版社2002年版,第78页。

职能按性质分为政治统治职能和社会管理职能,按活动范围分为内部职能和外部职能,认为内外职能都具有阶级性。且统治职能以社会管理职能为基础,对外职能和对内职能相统一。"①"政治统治到处都是以执行某种社会职能为基础,而且政治统治只有在它执行了它的这种社会职能时才能持续下去。"②

"三职能说":把政府职能分为三类。如亚里士多德认为"联邦政府有三大职能:军事职能、司法职能和议事职能"③。亚当·斯密则把政府的职能分成三块:"首先在于保护本国社会的安全,使之不受其他独立社会的暴行和侵略;其次在于保护人民不使社会中任何人受其他人的欺侮和压迫;最后在于建立并维持某些公共机关和公共工程。"④

"四职能说":把政府职能分成四类。如我国学者施雪华表明:"政府职能的转变就是政府职能内部所发生的结构重心的位移现象,从宏观的视角看现代化进程中不同类型的国家都会发生政府职能结构的重心位移现象,在此过程中政府的行为方向和基本任务均涵盖阶级统治、社会管理、社会服务和社会平衡四个方面。"⑤

"六职能说":把政府职能分为六类。"斯蒂格里茨从经济学的角度把政府职能界定为促进教育、促进技术改善、支持金融部门、投资基础设施建设、防止环境恶化、建立和维护社会保障体系等六类。我国台湾学者张金鉴则把政府职能分为维护、保卫、扶助、管制、服务以及发展等六类。"⑥

---

① 陈洪波:《法治政府建设理论与实务》,湖北人民出版社2010年版,第39页。
② [德]马克思、恩格斯:《马克思恩格斯全集》(第二十卷),人民出版社1971年版,第294页。
③ [希腊]亚里士多德:《政治学》,吴寿彭译,商务印书馆1965年版,第184页。
④ [英]亚当·斯密:《国民财富的性质及其原因研究》,郭大力、王亚南译,商务印书馆1974年版,第27页。
⑤ 施雪华:《论社会转型与政府职能转变》,《天津社会科学》1995年第2期。
⑥ 王骚、李如霞:《面向公共危机突发事件的政府应急管理》,天津大学出版社2013年版,第4页。

以上几种分类,因各自研究问题的视域和出发点不同,政府职能分类的结果就迥然不同。然而,我们应该明白的是,政府的职能不可能永远处在某一个节点或时空中,而是会随着时代的发展与时俱进,所以,采用静态的方法来划分政府职能不仅不合时宜,而且弊端尽显。虽然静态分类也有其他分类无法替代的优势,譬如能够清楚了解政府职能的全貌,可是如果离开了政府职能发展的整个过程,其划分的可靠性也会大打折扣。因而,政府职能重心并非人为意志作用的结果,而是取决于当前的社会发展客观现实的需要,政府职能的重心是伴随社会的发展而不断变化的。就当前来说,我国仍处于社会主义初级阶段,经济社会正处于转型发展期,政府职能的定义必须立足这一基本国情。党的十八届三中全会对现阶段我国政府职能进行了科学的概括:"加强中央政府宏观调控职责和能力,加强地方政府公共服务、市场监管、社会管理、环境保护等职责。"[①]这统一了我们在政府职能划分上的分歧,更为当前的政府职能转变指明了方向。但是无论如何划分,现代政府的基本职能始终体现在制度供给、维护社会公正和满足公民各种公共产品及服务的需求三个方面,在国家治理现代化建设中,这三项职能的履行程度越好,现代化程度也就越高。政府基本职能是指政府在国家和社会生活中所承担最基础的职责和功能,旨在满足公民的公共服务和利益诉求。下面本书将结合我国治理现代化来介绍政府的三个基本职能:

第一,有效的制度供给。政府是一种供给秩序化统治的国家机器。作为表征秩序化的国家机器,政府的基本职责和功能就是向社会供应维护秩序的制度,即为社会制定一个权威的人人遵守的制度架构。公众期望政府将制度的有效供给摆在其工作的第一位,构建一个良好的生活环

[①]《中共中央关于全面深化改革若干重大问题的决定》,《人民日报》2013年11月16日。

境,公民才可以在稳定有序的环境中用自己勤劳的双手过上美好幸福的生活。在现代化的国家治理中,政府可以按照人类最基础、最普遍的价值如自由、平等、公正等来为社会供给制度,按照合理、权变、经济和公正的准则施行制度设计,废除过时制度、推进制度创新。政府履行制度供给职能,不是随心所欲的,而是用民主的方法、民主的程序和民主的手段来集中公民的意愿和要求,在此基础上提供制度供给。公民需要的是能够保护公民权利、促进公民个人创造力的发挥,同时保证社会公共秩序的制度供给。政府向人们提供的制度供给,必须是良好的制度,是保护和促进个人创造力充分发挥和促进个人全面发展的制度,是保证和促进社会和谐发展的制度,有利于实现制度稳定,推动国家繁荣,维护社会秩序,保障公民自由和公民权利。可见,提供制度供给是政府职能的重要内容。制度供给从内容上来说有经济、政治和文化等方面。国家治理说到底就是政府通过履行其职能,为各治理主体提供相互合作与竞争的制度规则,以控制和化解社会矛盾,从而实现正义、稳定和秩序。在现代化国家治理中政府通过发挥制度供给职能满足了公民的各种诉求,构建了良好的社会秩序,为人们谋取了更多的社会福利,更难能可贵的是推动了社会的快速发展,从内容上来说其制度供给主要表现在:(1)有效的经济制度供给。经济制度是保证人们有序进行创造和消费物质财富的活动的制度,是决定一个国家内有限的物质资源如何使用、如何生产、如何分配和如何消费等问题的制度,譬如财产权制度、市场准入与交易制度等。在经济制度供给中,政府为市场经济健康发展提供所需要的适宜秩序,为公共利益的实现提供有效的制度保障,为各经济实体和个人的生存发展提供公平有序、高效合理的制度环境。具体表现在:政府明晰地界定了产权,明确了市场主体的责、权、利,对市场配置资源的决定性作用进行了法律确认,并建立起了公正、明晰、高效的产权制度;市场经济主体的行为实现了规范化运行和法制化发展,垄断行为被彻底扼杀,政府着力优化资源配置,保护市场效率,建设和适时完善市场准入制度和退出制度,确保公平和良性的经济制度环境;政府在确保社会整体经济效率大幅提升,可供分配资源量普遍增加的同时,根据公平原则在全社会推行财政转移支付,关爱弱势人群,实现基本的社会公正。(2)有效的政治制度供给。"政治制度是一个国家的权力构成及其运行的组织制度,即人民采取何种形式组织政权以及政府如何运作等方面的制度。"[1]它主要决定一个国家里有价值的东西(包括财富、收入、权力、社会地位等)如何分配给人民(包括用什么方法去分配、分配给谁、怎么分配、每人分得多少),如宪政制度、选举制度、立法制度、法院的规则、检察院的规则、行政机关的活动规则、政党活动的规则等。政治制度的根本是宪政制度,因为它用宪法这种根本大法的形式划分了私人权利与公共权力的界限,规定了公共权力活动的权限、范围和责任,也规定了人民对政府的主权和人民行使主权的程序与方式方法。在制度供给中政府以公共服务者的角色,以为社会、公众服务的宗旨,能够克服自利性,扮演"仲裁者",供给公共产品,维护社会的正义和公平。政府通过建立决策制度、参与制度、监督约束机制实现政治制度民主化;通过完善和制定法律规定社会主体的权利内容和权利关系,制度化、规范化公共权力。(3)有效的文化制度供给,政府利用核心价值观凝聚社会成员,形成共同力量,产生一致的社会行为,促进社会发展。政府通过文化自我制度供给促使公众养成注重效率观念、协作意识、服务精神和法治信念的公共性价值观;通过文化社会制度供给激发和扩充"软制度"的内在约束力,纠正和克服政府和市场的短视和自利行为,增强社会主体的公共意识来培育公共性价值观。[2]

第二,维护社会公正,实现社会和谐稳定持续发展。为了满足人民日

---

[1] 杨光斌:《政治学导论》,人民大学出版社2011年版,第74页。
[2] 潘左华:《公共性:政府制度供给的价值内涵》,《江苏广播电视大学学报》2005年第1期。

益增长的美好生活需要，政府的一个根本职能就是通过维护社会公正，实现社会的健康、协调、持续与有序发展。公正是人类的永恒价值追求和基本行为准则。正如约翰·罗尔斯所说："正义是社会制度的首要价值，正像真理是思想体系的首要价值一样。"①具体体现在：（1）政治生活领域。社会主义民主法治建设持续发展。全国人民享有真实平等广泛的选举权和被选举权，人民群众通过选举和各种代表会议参加国家事务的管理、监督政府职员，人民当家作主的地位得到现实保障；法律面前人人平等的原则日益深入人心，每一个社会公民都享受宪法规定的平等的权利与义务，各种法律日臻完备，法律对社会公正的调节、保障作用不断发挥；不正之风和腐败现象受到社会各方面的抵抗，国家的反腐败工作健康发展并取得实效；各级国家机关工作人员的公开招聘、选拔和考试，为越来越多的人提供了平等竞争的机会；中国共产党领导的多党合作制的优势不断得到发挥，民主党派和人士的积极性和参与热情日益显示出来；各民族一律平等和区域自治政策得到普遍落实，平等、团结、互助的社会主义民族关系不断获得新发展。（2）经济生活领域。社会主义市场经济中的价值规律、等价交换、平等竞争、按劳分配原则正在得到充分运用；政治经济改革破除了收入分配的平均主义和"大锅饭"，承认收入差别，鼓励一些人先富起来，调动了广大人民群众的积极性，推动着全体人民逐步迈向共同富裕；对改革过程中出现的收入差距过大现象，利用财政政策、货币政策和法律方式进行调节、克服。合法经营、勤劳致富已开始成为社会的基本平衡尺度。（3）社会生活领域。在生产力水平逐步提高的前提下，人民群众的物质生活条件和劳动条件不断得到改善，人们在教育、医疗、养老等方面享有的社会福利逐渐增多；第三产业的发展扩大了城市富余人员就业范围和就业机会；政府通过国家拨款，集体筹集公益基金和福利基金，

---

① [美]约翰·罗尔斯：《正义论》，何怀宏等译，中国社会科学出版社1988年版，第1页。

以及社会捐赠等,对没有收入和丧失劳动生活能力的孤寡者、病残老弱者实施社会保障;政府从全局利益着眼,通过多种形式加大对贫困地区人财物的支持力度,缩小了区域发展差距,地区生产力布局趋于合理,国民经济均衡发展格局逐步形成;政府通过建立维护市场健康运行所需要的规则来祛除非法的市场竞争为市场经济的发展创造良好的环境,采取有效措施促进教育和就业机会均等使得公民竞争机会同等;建立公正合理的个人分配制度,逐步消除个体、群体和阶层之间的分配差距过大的现象,使全体人民共享社会发展果实;政府通过积极建立和完善社会保障制度保护弱势群体利益,消除歧视性待遇,保障机会公平;各种社会保险制度正在完善,各种社会福利事业不断发展,全体社会成员的社会安全感和共同福利水平正在提高。(4)精神生活领域。人们平等地享有受教育的权利和义务;在实行九年制义务教育的同时,政府动员和组织全社会通过各种渠道发展教育事业,为各级各类人员提供了受教育的条件和机会;在坚持四项基本原则的总原则下,落实好"百花齐放、百家争鸣"方针,使人们的思想自由地流动和充分地表达,鼓励以科学研究为基础的探索和争论;社会主义精神文明建设取得巨大成就,人们的道德水准及精神生活发展水平得到极大提升。

　　第三,满足公民各种公共产品和服务的需求。政府把服务看作一种基本理念和价值追求,把自己定位为增进全社会幸福的"服务者",把为社会、民众"服务"视为自己存在、运转和发展的基本理念和主要任务。政府存在的价值在于为人民、为社会服务,不是人人望而生畏的主宰,而是时时刻刻想着为人民服务的"公仆"。"政府公共部门与公众之间的关系是公共服务的提供者与消费者,政府行使公共权力主要是为了实现公共利益;公众成了政府管理活动服务的对象。"[①]政府的主要职能表现为:(1)政

---

① 崔运武、高建华:《服务行政:理念及其基本内涵》,《学术探索》2004年第8期。

府致力于为各公民提供经济性公共服务。经济性公共服务主要指政府为各治理主体提供健康有序的经济发展环境、施行有效的经济调节,为社会快速及时地输送经济信息、制定社会发展的中长期发展规划和宏观经济政策。在现代化国家治理中政府的身份和过去相比发生了巨大变化,已经由经济建设性主体转变为经济性公共服务主体,主要在以下五个方面发挥作用:"一是政府通过有效的宏观经济调控和管理,为全社会提供良好的金融环境和经济发展环境。二是政府提出科学的中长期规划,为企业和社会提供经济社会发展预测。三是政府通过严格规范的市场监管,形成良好的市场环境,保持公平的市场竞争秩序。四是政府及时、公开地向全社会提供经济信息和市场信息。五是政府为全社会提供水、电、气、交通等最基本的基础设施。"①其中前四个是政府软件服务,最后一个是政府硬件服务。由此可见,此时的政府是经济性公共服务的供给者,不再像过去一样是亲力亲为的建设者。在进行事关民生的基础设施建设时,政府通过鼓励市场竞争使企业成为这些服务事项的生产者。政府提供服务而不再生产服务,并在此过程中,于法治化和规范化轨道上引入透明、开放、公平、公正的竞争机制,实现供给者和生产者彼此分离,断绝利益纠葛,从而正确地履职尽责。(2)政府致力于化解最尖锐的社会矛盾,供给社会需求最大的公共产品和服务。通常所说的公共服务是指政府为了促进社会发展和实现利益均等化出台的带有人文关怀性质的大政方针,施行有效的社会管理。在现代化的国家治理中,政府适应社会需求的变化,实现从单纯注重经济增长向关注社会和谐发展的转变,政府履行公共产品和服务职能的内容如下:一是构建了完备的全国性的就业工作体系,所有政府部门都把充分就业放在非常重要的地位。政府把推动就业视为

---

① 柏晶伟、苗树彬:《中国经济时报:建设公共服务型政府势在必行——中国(海南)改革发展研究院"中国改革国际论坛"综述》,人民网 2004 年 12 月 23 日。

提供社会性公共服务的首要目标,通过加大资金投向力度、扩展劳动社保部门的功能和人员设置、进行政策倾斜等方式支持无业者创办"小微企业",强化就业培训,创造条件适时推进公共开发项目提供工作岗位,利用信息沟通等方式提升就业服务的有效性。二是制定公共服务的最低标准,保障弱势群体的基本生存权。在坚持基本生存保护、初级医疗服务、普遍义务教育的同时,以济贫扶弱为重点,扩展公共服务的范围,提升服务的力度,实现基本公共服务均等化和普遍化。三是广大农民成为基本公共服务的主要对象,生活得到了基本保障。政府"将农民工纳入'三条社会保障线'(下岗失业人员的生活保障、失业保险和城市居民最低生活保障)制度的覆盖范围,已经逐步创造条件使这项制度在其他地区城市开始推行"[①]。(3)政府在经济发展的过程中,致力于为各治理主体直接提供制度性的公共服务。在现代化的国家治理中,政府工作的中心是为社会提供制度性公共产品,主要表现在:"建立了义务教育制度,将义务教育扩展到了高中阶段;建立了社会保障与社会福利制度,制定了社会保险法律体系;建立了公共医疗卫生制度,确保人人享有医疗卫生保健目标的实现;建立了科技补贴制度;建立了完善的公共基础设施制度;建立了公共收入和公共支出制度,建立再分配制度体系;建立了公共服务参与制度,建立确保社会公平稳定协调的社会结构和基本制度;在政府主导下建立了社会合作制度,推动劳资合作制度、集体谈判制度、最低工资保障制度的建设。"[②]

3. 政府职能特征

第一,动态性。政府职能从时间上看是一个历史性的概念,时代不同,政府职能的含义也不一样。在以自然经济为主的社会里,政府的主要

[①] 迟福林:《门槛——政府转型与改革攻坚》,海南出版社2008年版,第55页。
[②] 同上书,第74页。

职能就是进行统治；在以商品经济为主导的社会里，政府履行的主要是管理和服务职能；在 21 世纪的今天，政府以实现公共利益最大化为己任。就是同一个国家在不同的历史时期政府职能也是有差异的。所以，政府职能不是一成不变的而是发展变化的，具有动态性，政府要根据现实的需要来适时配置或削减其职能。

第二，合一性。政府作为为维护社会公共秩序、为人民谋福祉的政治实体，在国家发展中扮演着决定性角色，它肩负着特定的职责，发挥着特定的功能。前者是对政府"该做什么"的界说，后者是对政府"该起什么作用"的阐述。实际上，"在现代民主社会，政府履行职责应当依法而行，发挥功效应该体现对社会的关怀，这两者应该是统一的。在政府的社会功能和法定职能的关系中，政府的社会功能是政府法定职能的前提和内容，政府的法定职责是其社会功能的实现和保障"①。一味地夸大政府的职责而忽视其应履行的义务，或仅张扬政府的功能而肆意突破政府履职的阈值，都是极其错误的，是在认识政府职能时应该力求避免的错误。

第三，基础性。探寻政府的来源会发现，政府产生于社会的需要，社会是政府存在的理由。政府是为了维护社会的公共利益，保证社会有一个稳定、正常的秩序而建立的。从组织构建的维度来审视，政府作为掌握公权力的机关，本质上与社会体系中的其他组织并无二致，不同仅在于其行使着公权力。从职能内涵的维度来审视，政府的主要职能在于管理社会公共事务，这里的公共事务应该是与广大人民群众切身利益相关的事务，是事关整个国家和人民生存和发展的事务，离开社会，政府的公共性就会荡然无存。所以，政府存在的合法性来自社会，社会是政府存在的根据和缘由。

第四，价值性。布丹认为："因为有了家庭与家庭、或这一家庭的集团

---

① 刘光军：《政府职能界定与政府职能转变》，《河南社会科学》2007 年第 9 期。

与另一集团的战争,战败者于是成为战胜者的奴隶。于是自然的自由消失,奴隶制度与政治服从发生。"①可见,政府是为了维护社会的公共利益,保证社会有一个稳定、正常的秩序而建立的公共权力组织。政府作为维护社会公共利益的组织,根据社会契约理论其权力来自人民的赋予,它代表人民维护社会秩序和进行公共管理活动,它对人民负责、为人民服务。所以,政府从根本上说是一种为公共利益而存在的组织。但是,不同的社会发展时期,政府服务对象是不一样的。奴隶社会的政府为奴隶主服务,封建社会的政府为地主阶级服务,资本主义社会的政府为资产阶级服务,很显然,这是政府职能的异化,是对"为社会服务"的偏离。但无论政府服务的对象是谁,它履行的仍然是服务职能,只是服务的对象转移了罢了。追本溯源,"政府必须为而且应当为促进社会的发展和进步服务,为社会日益增长的物质和文化生活提供服务"②。20世纪70年代,西方国家开展了声势浩大的"政府再造运动",这是对政府职能的拨乱反正,使政府的职能重回服务,为全体公民事务服务。新中国成立后高扬人民政府的大旗,竭尽全力实行"全心全意为人民服务"。可见,服务是政府职能的价值本位。

第五,合作性。伴随经济发展和社会进步,人们的诉求增多、社会利益分层明显,分层化的社会利益格局必然要求政府提供多样化的服务,以满足公民多元化的需要。人民利益的多元化和需要的多样性,给政府的管理工作带来了巨大的压力和挑战,要求政府既要管得好又要管得多,这往往会导致人员和支出增加。但政府的收入皆来自社会,某些纳税人愿意多享受服务却不愿意多承担义务,这使政府陷入左右为难之地。这时,合作治理便成为政府管理的不二选择。合作治理可以少花钱多办事,这

---

① [美]威廉·邓宁:《政治学说史》(中卷),谢义伟译,吉林出版集团2009年版,第44页。
② 刘光军:《政府职能界定与政府职能转变》,《河南社会科学》2007年第9期。

与公民的要求不谋而合,也把政府从许多琐碎的执行性事务中解放了出来,全身心投入公共决策、社会监督和社会协调之中。而且合作治理也是现代民主政治发展的方向和目标。民主政治特别强调公民和社会组织力量广泛的政治参与,认为公民和社会组织参政议政是宪法赋予他们的基本权利,是人权的体现。公民和社会组织参政议政也可以监督政府,帮助政府摆脱既"掌舵"又"划桨"的治理困局,使政府能够更好地为实现公共利益最大化服务。

(二) 政府职能转变

通过前面对政府职能的分析,我们发现政府职能并不是一成不变的,而是随着社会的发展不断创新、与时俱进的。因而政府职能转变是常态,不变是特殊。

对政府职能转变的内涵,学术界看法不一。乔耀章认为:"政府职能转变主要包括三个方面:政府职能重心的转变、政府职能行使方式的转变和政府职能关系的转变,其中政府职能重心转变是关键。"[1]王学辉提出:"政府职能转变是指政府职责与功能的转换、重组与优化,是政府根据社会政治、经济、文化发展的需要,对政府的行为方式及职能结构体系的不断调整,包括政府职能性质和内容的转变,政府管理经济手段的转变,政府职能实现方式的转变,政府能力的提高与增强。"[2]田芝健认为:"政府职能转变是一个庞大而复杂的概念,涉及政府理念、政府体制、政府结构、政府行为等诸多问题……政府职能转变,重在'转变',转移、转化、转产、转换,实现变革,变好、变强、变灵、变亲、变廉、变勤。"[3]尽管学界对政府职能转变的看法存在差异,但基本都认为其与政府职能重心、职能范

---

[1] 乔耀章:《政府理论》,苏州大学出版社2003年版,第261页。
[2] 王学辉:《行政权研究》,中国检察出版社2002年版,第284页。
[3] 田芝健:《当代中国地方政府职能的配置与转变》,《行政论坛》2004年第7期。

围、职能行使方式关系密切。笔者较为赞同邹伟的观点:"政府职能转变主要是指为适应客观环境的变化,政府的职责和功能发生的转换,即政府的职责和功能的变化、转换与发展。"①政府职责和功能的变化至少反映在以下三个方面:第一,政府管理权限发生了变化。政府履职的过程就是政府用权的过程,政府职能转变意味着政府的权力范围发生了变化。例如以前政府履行社会管理、市场调节,如果进行职能转变增加了公共服务、环境管理,那么政府的职责范围会更加广泛,这时它的权力关系也会发生相应变化。第二,政府管理方式发生了变化。政府职能转变意味着政府的管理方式发生了变化,"当政府职能以政治职能为主时,政府的管理方式大体以纵向管理、微观管理和直接管理为主;当政府职能转变为以经济职能和社会职能为主时,政府的管理方式也会发生变化,即以横向管理、宏观管理和间接管理为主"②。第三,政府组织结构发生了变化。政府职能转变意味着政府的组织结构也被相应地调整了,功能是依托在一定的结构之上的,具备了结构,功能才能起作用,同样,结构是功能的结构,离开了功能,结构就变得毫无意义。功能是职能的动态表现,职能的转变一定伴随着组织结构的调整。

第二节 国家治理现代化与政府职能转变的关系

一个具有较强治理能力,能够契合现代化国家治理结构,厘定清楚职能边界的有效政府是现代化国家治理体系运行的基本组织框架。因而,

---

① 邹伟:《政府职能演变与发展趋势研究》,广西民族出版社2004年版,第89页。
② 谢庆奎、洪波:《社会结构调整与政府职能转变》,《今日中国论坛》2006年第6期。

在国家治理现代化中，政府扮演着非常重要的角色，是国家治理现代化的发起者和力量的供给者。现代化国家治理在国家层面说到底就是政府对国家事务的管理，现代化的国家治理体系对政府而言就是依法行政。政府掌握的行政权是调节社会资源分配的总开关，决定经济社会发展的方向。所以，"探讨政府职能的转变应该放置于国家治理现代化的整体制度建构中去考量，以政府职能转变作为推动经济社会各领域治理结构变迁的切入点，进而建构一个强政府主导下的政府、市场和社会三元并存与互补的国家治理格局"①。

一、国家治理现代化是政府职能转变的根本目标与总体要求

在宏观方面，治理是在政府主导下市场、社会组织和个人彼此合作、协商共治的过程；在微观方面，治理是公权力参与式运行的过程。国家治理现代化就是政府从社会发展的现实需要出发，与时俱进地调整政府内部组织结构和权力配置方式，科学理性地配置政府权力，实现政府、市场、社会组织与个人之间通力合作、责任共担、共同治理。在这当中最重要的是国家职能，而在现代社会国家几乎所有的职能都由政府履行，政府职能代表着国家职能。总的来说，"国家职能分为政治职能、经济职能和社会管理职能。政治职能体现了国家权威、制度和意识形态的确立和巩固；经济职能体现的是经济制度和经济体制的维护等；而社会管理职能则体现了个体、家庭和社会事务的组织与管理"②，政府相应地履行这三种职能。

国家治理现代化的核心和要旨在于现代化，而"现代化可以分解为三

---

① 薛澜、李宇环：《走向国家治理现代化的政府职能转变：系统思维与改革取向》，《政治学研究》2014年第5期。
② 林尚立、王华：《创造治理：民间组织与公共服务型政府》，《学术月刊》2006年第5期。

个层次：经济的现代化、政治的现代化和社会的现代化"[1]，由此可见国家治理现代化意味着生产力、生产关系（经济基础）和上层建筑都要实现现代化，同时还要求生产关系适合生产力，上层建筑适合经济基础，并且实现两对矛盾、三个方面的良性互动。政府职能转变的根本就是通过改革和完善上层建筑使其更好地适应生产关系和生产力的发展，来促使国家实现现代化。国家治理现代化的最终目的在于实现经济、政治和社会的现代化，达到政府、市场、社会治理的有机融合，即政府治理利用国家权威来有效配置资源、规范社会行为、供给公共产品以实现公共利益最大化；市场治理依靠价格机制和竞争机制来实现供需平衡，使企业在谋取自身利润的过程中提供高质量产品和优质服务为人类造福；社会治理则主要通过科学的制度设计、规范合理的政策法律借助志愿机制和自治自律机制，来调动社会成员和社会组织的积极性和创造性，提供社会服务以增进社会利益，"实现政府公共权力与社会组织和公民权利之间的协调合作与和谐平衡过程。而且各治理主体将自身行为限定在完善的制度体系之下，通过构建民主、法治、高效、协调的现代治理体系和整合、协调、'跨界'合作实现并增进共同价值来提升国家治理能力"[2]。治理现代化特别提倡和主张多元主体利用合作、协商、伙伴方式推进公共事务的整体治理，政府与其他治理主体形成良性互动关系，主体权责是明晰的，运行机制是开放互动的，资源信息是共享的。国家治理现代化并非要舍弃政府，弱化其功能，而是要探寻怎样建构一个用权恰到好处的有为政府，在更加广阔的治理领域最优地发挥政府职能。

政府是实现国家治理现代化的主导力量，其治理能力的强弱与国家

---

[1] 蓝定香、丁任重：《论中国的现代化道路》，《经济体制改革》2004年第4期。
[2] 王浦劬：《国家治理、政府治理和社会治理的基本含义及其相互关系辨析》，《社会学评论》2014年第3期。

治理成功与否密切相关。必须将政府职能的转变放到国家治理现代化的视域中进行,以其为奋斗目标,按其总体要求稳步推进,切忌无的放矢,更忌盲目冒进。就我国目前来说,政府职能转变的关键在于实现国家治理现代化的总体布局,创新政府管理职能体系,使政府职能在维护社会秩序、提高公共服务质量、实现社会公平正义等方面能更好地发挥作用。首先,公共政策是政府为了解决公共问题、达成公共目标而制定和实行的法律规范、行为准则、规定规划和命令指示,在国家和社会发展中扮演着极其重要的角色。政府在公共政策制定和制度安排上,要充分体现人民的意志和切实维护人民当家作主的权利,要团结社会力量来共同治理,以推进国家治理民主化进程。其次,权力运行是否制度化和规范化是衡量国家治理体系现代化的基本标准。国家治理体系的核心是权力结构,权力边界是公共权力行使和运行的基本前提和基础,能否形成一个边界科学合理、运行顺畅高效的公共权力体系,直接决定着国家治理的现代化水平。这要求我们在推进国家治理现代化的实践中要依法界定权力应用边界,避免政府陷入过多烦琐复杂的执行性事务,通过政府简政放权调动多元治理主体共同治理的积极性。党和政府要严格遵守法律,做到依法执政、依法行政,不越法不涉法不违法,正确处理好公共权力和公民权利的关系,实现公共权力既边界合理又运行高效,公民权利既得到普遍尊重又能维持与义务的均衡,最终实现国家治理现代化的法治目标。最后,政府职能转变必须优化创新组织结构。政府的组织结构是政府职能的具体实施者和履行者,是政府职能功效大小的根本决定方。设置合理科学的政府组织结构有助于政府职能的履行。相反,政府组织结构不合理将会影响公共效率的发挥。当前我国政府组织结构存在着层级设置多、机构职能交叉、管理欠科学、内部权责不清、领导职数过多、行政成本较高等问题,一定程度上影响了政府职能的发挥,因此有必要通过优化政府层级、重组政府部门、推进治理主体多元化,构建扁平化政府组织结构,以增强政府的执行力和回应力,为激发市场和社会的活力提供保障。综上所述,政府职能转变只有坚持国家治理现代化方向,才能实现全面深化行政体制改革与国家治理现代化的联动。

二、政府职能转变是国家治理现代化的重要内容和基本路径

(一)政府职能转变是国家治理体系现代化建设的有机组成部分

"国家治理体系是指在法制规范下多元协作的治理主体各司其职、有序运行的治理结构,它是政府治理、市场治理与社会治理的有机结合。而国家治理体系现代化是指国家治理体系从传统到现代的结构性变迁,这种变迁包括结构、功能、体制机制、规则、方式方法和观念文化等各个方面,具体表现为国家治理体系的结构合理化、功能区分化、行为规范化、组合系统化和治理高效化。"[1]根据国家治理现代化构建的要求,政府依然在国家治理体系中发挥着不可或缺的作用,政府职能转变是建立完善市场体系、形成公民社会的前提和基础,政府体制的发展历程直接影响着现代国家治理体系的建设进程。不过,需要明白的是,现代化的国家治理主体除政府外,还有市场与社会组织,形成多元协同共治的格局,市场与社会同样发挥着重要的作用。这要求作为执政党的中国共产党坚持与时俱进,提升治国理政能力,政府也要通过简政放权,规范对微观经济事务的管理,给市场和社会组织更多空间,实现多元合作共治。

何增科通过研究治理理论和概括国家治理经验,提出了可视化的国家治理体系框架(见图2)。

---

[1] 徐邦友:《国家治理体系:概念、结构、方式与现代化》,《当代社科视野》2014年第1期。

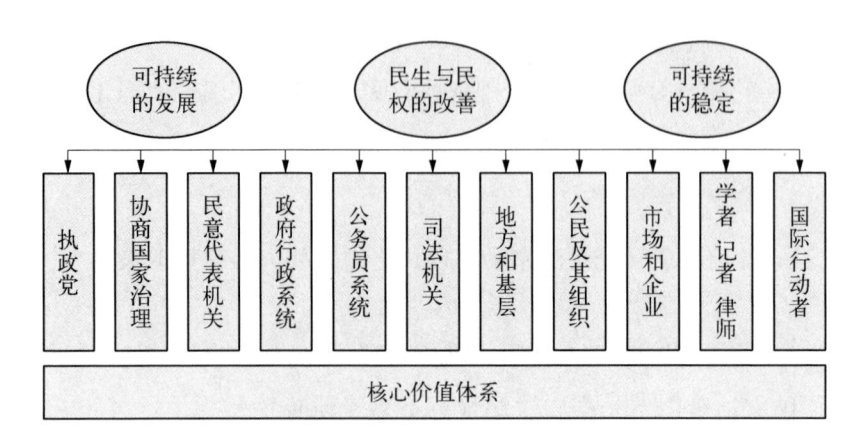

图 2　国家治理体系框架图

何增科将"国家治理体系中的政府、市场、公民社会与公众分为11类机构或个体,除公民及其组织,市场和企业,学者、记者、律师和国际行动者外,其他都可归为政府,可见政府在国家治理体系中的重要地位。从治理能力层面来看,各类治理主体拥有更多的自主性,他们履行各自功能的专业化和职业化分工程度不断提高,执政党和政府行政机关协调其他治理主体的能力和进行战略和政策规划的能力不断提高,形塑各类治理主体互动行为的规则和程序的有效性不断增强"①。在这个体系当中,各治理主体间良好协作运行是以政府提供有效制度为前提的。政府的简政放权与规范运行,能够为理性市场秩序的建立、公民社会的形成提供有利发展条件,能够调动各种因素参与公共事务治理,弥补政府与市场治理的缺陷。对此周雪光有比较深刻的认识:"从根本上解决权威体制与有效治理之间的矛盾需要从制度上另辟蹊径,减少各级政府尤其是中央政府的管理职能,以社会机制代之。"②所以,国家治理体系现代化中政府承担着举

---

① 何增科:《理解国家治理及其现代化》,《马克思主义与现实》2014年第1期。
② 周雪光:《权威体制与有效治理:当代中国国家治理的制度逻辑》,《开放时代》2011年第10期。

足轻重的作用,依靠转变政府职能,推动市场发展、形成市民社会、促使社会进步,最终建立起多元协作共治的现代治理体系。

法治是一个国家的基本属性,是现代文明国家的核心,缺少法治,国家就失去了合法性基础,无法有效治理,正所谓——国无法而不治,民无法而不立。现代化的国家治理体系也是一个法治化的体系,多元治理主体根据社会运行发展的需要,依法协调有序合作,所以国家治理现代化的过程也是国家进行推进法治化的过程。"法治作为规范各治理主体的准则和联通各治理主体的纽带,是构建现代化的国家治理体系的关键要素。在法治化的治理体系中,法律能够提供更具有效性和长期性的行为准则,对公民之间的互动关系模式也能起到有力的规范和约束作用,从而满足市场经济环境中各种政治行为主体的多元价值需求。"[1]目前的政府体制改革不但要求科学界定权力边界、严格依法行政,还要求政府进行有效的制度供给,最终为经济社会的健康、持续、有序发展提供法律保障和支撑。

(二) 政府职能转变是提升国家治理能力的基本路径

政府职能转变的根本目的是促使政府更好地履行职责,为人们供给高质量的公共产品和公共服务。治理现代化的核心宗旨在于理顺政府与公民间的关系,实现为公共利益服务。所以,政府职能转变是提升国家治理能力的基本路径。

首先,政府职能转变的根本在于使市场在资源配置中真正起决定性作用,从而利用市场竞争机制来增强政府与市场的协调共治能力,进而增强国家治理能力。政府简政放权为市场松绑,给市场更多配置资源权利,以公平竞争提升效率。"在公共部门的运作中,引入市场机制,以委托企

---

[1] 李放:《现代国家制度建设:中国国家治理能力现代化的战略选择》,《新疆师范大学学报》2014年第4期。

业生产、政府采购或外包的模式提供公共产品与公共服务,将战略规划、成本控制、顾客导向和绩效管理等市场化理念运用到政府治理之中。明晰的产权制度是市场机制发挥作用的基础,产权结构包括各种规则、生产程序以及形成的规范,它们对所有权进行界定、对生产方式进行控制、对交易进行治理,并且决定着资源和信息配置的效率。"①而产权作为经济所有制关系的法律确认,一定是以公共权力为基础和后盾的。政府在市场运行中引入产权制度,对增强市场治理效果与治理能力大有裨益。同时,政府在克服市场缺陷、祛除外部性方面也发挥着极其重要的作用。"市场本身的缺陷以及信息不完全,将导致市场失灵,这就需要政府干预来弥补市场不足。政府虽然不能替代市场,但是可以为社会提供基础性公共服务和公共产品,为市场主体提供制度激励,维护稳定有序的市场秩序,消除外部性,维护公共利益。"②可见,政府职能转变有助于建立现代产权制度,弥补市场缺陷,也可以增强政府与市场的协调共治能力。

其次,政府职能转变要求政府畅通政治参与渠道,留出部分公共空间,提升社会主体国家治理能力。充分调动社会组织与个人参与公共事务的热情,是增强国家治理能力的主要路径。从概念的角度审视,"社会治理和善治的核心点,在于由国家力量和社会力量,公共部门与私人部门,政府、社会组织与公民,共同来治理和管理一个社会。因此,现代化的社会治理需要在制度健全的前提下,着力培育企业市场、社会组织与公民的自主治理能力,构建起政府—市场—社会三者协商协作的多元共治模式"③。国家治理现代化是依靠对政府、市场与社会的变革与完善来达到

---

① [美]利昂·N.林德伯格、约翰·L.坎贝尔、J.罗杰斯·霍林斯沃思:《美国经济治理》,董运生、王岩译,上海人民出版社2009年版,第9页。
② 唐兴军、齐卫平、张素珍:《公用事业民营化与政府责任》,《湖北理工学院学报》2013年第2期。
③ 郑杭生、邵占鹏:《中国社会体制改革的视野、举措与意涵》,《江苏社会科学》2014年第2期。

的,它以完善的市场体系、成熟的公民社会与有效的社会治理为前提。在利益多元和高节奏快速发展的今天,传统的政府一元管理显然已经不能适应社会治理现代化的需要,"只有多元社会治理主体在合作的意愿下共同开展社会治理活动,才能解决已出现的各种各样的社会问题"①。正如公民社会理论所主张的一样:"政府和市场都可能存在失灵或失效的可能,这就要求社会组织作为第三方力量参与到国家治理之中,以解决'公地悲剧'与政府和市场同时失灵的难题。"②需要强调的是,政府与公民社会的诉求交错和通力合作是推进治理现代化的巨大动力,社会组织参与国家治理必须依靠设计科学合理的建立在法治基础上的公共权力制度体系。只有在良好的国家治理体系下,社会组织才能更好地为公共利益服务,所以政府职能转变就是要打造"强政府,强社会"的现代治理形式,调动社会组织参与国家治理的积极性和主动性,简而言之,"国家治理能力的提升有赖于市场机制与社会组织的完善与健全,而政府的职能转变不仅为市场经济与公民社会提供了良好的制度环境与生长空间,也为国家治理现代化提供了动力引擎"③。

"政府治理是国家治理的重要组成部分,国家治理体系和治理能力的现代化首先要求政府治理体系和治理能力的现代化,而要实现政府治理体系和治理能力的现代化,则必须实现政府职能的现代化。"④综上所述,国家治理现代化与政府职能转变是有机统一、密不可分的:"一方面,政府职能转变既是构建现代化的国家治理体系的关键,也是提升国家治理能力的重要路径;另一方面,政府职能转变只有以国家治理现代化为总体目

---

① 张康之:《论主体多元化条件下的社会治理》,《中国人民大学学报》2014 年第 2 期。
②③ 唐兴军、齐卫平:《国家治理现代化视阈下的政府职能转变》,《晋阳学刊》2015 年第 2 期。
④ 中国行政管理学会课题组:《政府职能现代化视角下当前政策创新的重点及建议》,《中国行政管理》2014 年第 3 期。

标,才能将全面深化行政体制改革不断推向前进,实现政府治理与国家治理的互动。"①

第三节　国家治理现代化理论对科学社会主义理论的贡献

　　国家治理体系和治理能力现代化科学论断的提出,丰富和发展了科学社会主义理论,它标志着党和国家在治国理政方略和认识上的深化,具有重大的现实意义和理论意义。它不仅是我们党在准确把握社会主义建设规律、深刻洞察国际国内形势、顺应最广大人民群众根本诉求的基础上所做出的战略性举措;也是我们党在推进中国特色社会主义伟大事业进程中又一次重要的理论创新,使马克思列宁主义对社会主义发展的美好理想和愿景变成为科学的理论与实践,是马克思主义中国化时代化的最新成果,是对社会主义学说的新发展。科学社会主义(狭义的马克思主义),是关于人类对社会演进认知的一种具体科学理论,是关于社会主义由空想变为科学的学说。在中国表现为马克思主义中国化,即"马克思主义基本原理同中国具体实践、实际情况及时代特征相结合,从而不断实现马克思主义本土化的历史性飞跃的过程。马克思主义通过与中国具体实际相结合而走向中国化,形成中国化马克思主义的理论新形态"②,以此来指导中国的革命、建设和改革事业,促使中国最终走向共产主义社会。马克思主义中国化并非自行进行的,它是中国先进的知识分子和中国共

---

① 唐兴军、齐卫平:《治理现代化中的政府职能转变:价值取向与现实路径》,《社会主义研究》2014 年第 3 期。
② 金锋:《毛泽东群众路线思想与全面建成小康社会》,《佳木斯大学学报》2018 年第 1 期。

产党人为找寻救国之路而进行的自发理论探索,其最大的特点在于运用马克思主义的一般理论去分析和研究中国的现实情况,从而实现对马克思主义的创新发展。由于中国的现实国情随着历史的演进而时时变化,马克思主义中国化的理论创新也应是一个与时俱进、契合发展的动态过程。建党以来,"在推进马克思主义中国化的历史进程中产生了两大理论成果。一大理论成果是毛泽东思想,系统回答了在一个半殖民地半封建的东方大国,如何实现新民主主义革命和社会主义革命的问题,并对建设什么样的社会主义、怎样建设社会主义进行了艰辛探索,以创造性的内容为马克思主义宝库增添了新的财富。另一大理论成果是中国特色社会主义理论体系,系统回答了在中国这样一个十几亿人口的发展中大国建设什么样的社会主义、怎样建设社会主义,建设什么样的党、怎样建设党,实现什么样的发展、怎样发展等一系列重大问题,是对毛泽东思想的继承和发展"[1]。在新世纪新时代,我国又在深刻总结国内外国家治理经验的基础上,富有创造性地提出了国家治理体系和治理能力现代化理论,"'初步回答了什么是社会主义现代化强国、怎样建设社会主义现代化强国'的基本问题,确立了'四个全面'的战略布局,初步形成了习近平治国理政思想"[2],把马克思主义中国化时代化提高到新境界,也丰富和发展了科学社会主义理论。

一、国家治理现代化理论对马克思主义国家理论的丰富和发展

马克思主义国家理论有两个重要维度:一是作为国家的国家,即作

---

[1] 胡锦涛:《在庆祝中国共产党成立 90 周年大会上的讲话》,《人民日报》2011 年 7 月 1 日。

[2] 李洪峰:《习近平治国理政思想:马克思主义中国化新境界》,《光明日报》2015 年 10 月 26 日。

为专政工具的国家；一是作为社会的国家，即作为管理功能的国家。二者既彼此相连，又存在某种不同，在不同的社会中，其地位也有差别：在阶级社会和无产阶级专政时期，前者处于主导；在共产主义社会的第一阶段即社会主义社会（马克思、恩格斯意义上的社会主义社会）中，后者将取代前者变为国家的主要职能；而在共产主义的高级阶段中，作为专政职能的国家已经消失。但是，在过去的研究中，我们过于关注前一维度，而忽略了后一维度，这在一定程度上遮蔽了马克思主义国家学说的主要价值。

马克思、恩格斯认为："国家是从控制阶级对立的需要中产生的，由于它同时又是在这些阶级的冲突中产生的，因此，它照例是最强大的、在经济上占统治地位的阶级的国家，这个阶级借助于国家而在政治上也成为占统治地位的阶级，因而获得了镇压和剥削被压迫阶级的新手段。"①所以，"国家是阶级专政的工具，是暴力机器。工人要想推翻资产阶级国家政权，必须以暴制暴，进行革命，暴力应当是我们革命的杠杆；为了最终地建立劳动的统治，总有一天必须采取暴力"②。但是用武力粉碎旧的国家机器、创立工人阶级领导的人民民主专政国家政权并非终极目的，而只是迈向未来更高社会形态的一个过渡阶段。由此来说，在过渡时期放弃国家专政职能是绝不可取的，相反，应该采取必要措施加强这个职能，不能有一分一毫的松懈。然而，就专政性质来说，它又与过去的阶级社会有着天壤之别：它打破了少数人对多数人的奴役与剥削，实现了绝大多数人对少数人的专政。那么，将来过渡结束了，更高的社会形态建立起来了，国家的性质或职能又会变成什么样子呢？在这里，"马克思将高级的社会形态统称为共产主义，并将其划分为两个阶段：一是'共产主义的第一阶

---

① ［德］恩格斯：《家庭、私有制和国家的起源》，人民出版社1999年版，第178—179页。
② ［德］马克思、恩格斯：《马克思恩格斯全集》（第十八卷），人民出版社1964年版，第179页。

段'即社会主义社会,二是共产主义的高级阶段即真正的共产主义社会"[1]。他认为,一旦结束过渡、建成社会主义社会,公共权力所附带的阶级属性就消失了,就会达到最初其创建时的初衷,真正被社会和人民掌握。到那时,国家的基本职能也会发生翻天覆地的变化,实现由专政到公共服务和社会管理的历史性飞跃,将全身心致力于推动社会各方面的均衡协调发展。但这并非预示着国家自身就会完全消亡了,走向灭亡的仅仅是作为专政工具的国家,而作为管理功能的国家将会依然存在。此时社会主义国家必须竭力发展生产力,大力推进国家的经济、社会公共服务和制度规范建设,从而为向共产主义高级阶段的迈进打下坚实的物质基础。

马克思、恩格斯的这些观点被列宁和毛泽东等人继承和发扬光大。列宁在《论国家》《国家与革命》等著作中,深刻论述了马克思、恩格斯的国家理论,并据此制定了一整套规章,包含政治、经济、文化、社会等诸多层面,逐步发展并实践了马克思、恩格斯的无产阶级专政和国家理论。遗憾的是,列宁在十月革命后不久便离世了,未有更多时间探究和实践怎样建设社会主义国家的问题。以毛泽东为首的老一辈革命者,立足中国实际,高举"武装斗争"和"农村包围城市"两大武器,推翻了奴役中国人的三大势力,建立了崭新的国家政权,并将马克思主义国家学说运用到中国的具体实践中,创立了人民民主专政理论,完善和发展了马克思主义国家学说。社会主义制度建立以后,面临着如何建设和治理的问题,对此毛泽东开始了深入探索。他认为尽管社会主义制度的创立使我们的国家政权发生了翻天覆地的变化——实现了多数人对少数人的专政,社会的主要矛盾也转变为公有制基础之上的人民内部矛盾——但这种社会主义距马克思、恩格斯口中的社会主义还存在极大的距离,在现实中,阶级差别和

---

[1] 高放:《科学社会主义的理论与实践》,中国人民大学出版社2012年版,第121页。

阶级对立依然存在，敌我矛盾不但存在，而且在一定范围内还将长期存在，所以，放弃国家的专政职能是不明智的，相反，必须时刻坚守，不能有一丁半点的松懈。然而和过渡时期不同，社会主义国家的中心任务已经发生变化，由过去的专政逐步转向公共服务和协调人民内部矛盾，以推动社会、政治、经济、文化诸领域的全方位发展。

十一届三中全会以后，中国国家治理逻辑实现了由"革命国家"向"发展型国家"的转换，为适应这一发展，邓小平指出，当前我国正处于社会主义初级阶段，这是我国最大实际，所以，社会主义国家的主要任务就是"以经济建设为中心，解放生产力，发展生产力，满足人们日益增长的物质文化生活需要"①。这一研判丰富和发展了马克思主义国家理论，为如何发展社会主义提供了正确答案。"发展型国家"的理念及制度使中国"在国家治理体系和治理能力上积累了丰富经验、取得了重大成果……国家政治稳定、经济发展、社会和谐、民族团结，同世界上一些地区和国家不断出现乱局形成了鲜明对比。这说明，中国的国家治理体系和治理能力总体上是好的，是适应中国国情和发展要求的"②。但是，我们不能沾沾自喜，要清醒意识到"相比中国社会经济发展要求，相比人民群众期待，相比当今世界日趋激烈的国际竞争，相比实现国家长治久安，中国在国家治理体系和治理能力方面还有许多不足，有许多亟待改进的地方"③。

如何从中国社会经济发展的巨大现实出发，进一步满足人民日益发展的多元化需要，构建体现中国气派、凸显中国风格、具备中国特色的国家治理体系，实现国家治理能力的现代化，是目前我们亟须解决的一项重大历史课题。也正是在这样的时代境遇下，习近平总书记顺势而为，创新性地提出了推进"国家治理体系和治理能力现代化"的新时代思想，促使

---

① 《中国共产党第十一届中央委员会第三次全体会议公报》，《人民日报》1978年12月22日。
②③ 习近平：《习近平谈治国理政》，外文出版社2014年版，第91页。

中国开始向"监管型国家"转型,开创了马克思主义国家学说的新境界。具体来说,这一论断的开创性在于:第一,进一步发展了马克思主义关于社会主义国家职能的论述,是对马克思主义国家学说的当代创新和发展。马克思、恩格斯指出,在社会主义社会阶段(共产主义社会第一阶段),作为专政职能的国家将逐渐趋于消亡,国家的重心将转变为公共服务和社会管理。这体现的是由"国家统治"向"国家管理"的转变,前者维护的是统治阶级的利益,后者维护的是公共利益。而国家治理问题的提出正是建立于这个基础之上,是对它的深化和发展。习近平总书记深刻指出:"治理和管理一字之差,体现的是系统治理、依法治理、源头治理、综合施策。"①这实际上涉及如何看待政府职能的问题。国家和社会管理体现的是一种管控型理念,在其中政府始终居于主导,管理的主体是单一的,方式是自上而下的;而国家和社会治理体现的是一种服务型理念,是一种"善治",力图通过政府、市场、社会等多种力量的协作,共同推进社会的全面发展。从这个角度而言,国家治理问题的提出无疑是对社会主义国家职能的重大推进和发展。此外,马克思、恩格斯认为一旦达到了真正的共产主义,国家将会彻底消亡。那么,这是否意味着不需要社会治理了?实际上并非如此,他们所讲的国家消亡,只是作为统治工具的国家的消亡,而不是说共产主义社会不需要治理。在更高的社会形态中,虽然国家的统治职能寿终正寝,但社会治理依然是必要的。第二,科学阐述了推进国家治理体系和治理能力现代化并不是意味着放弃了国家的专政职能。尽管马克思、恩格斯认为,在社会主义时期,国家的专政职能会慢慢地消失,但这并非意味着已经完全消失,它只有到了真正的共产主义阶段,才会彻底消亡。再退一步来讲,马克思、恩格斯所说的社会主义实际上是无

---

① 习近平:《习近平在参加上海代表团审议时强调:推进中国上海自由贸易试验区建设加强和创新特大城市社会治理》,《人民日报》2014年3月6日。

产阶级在发达国家同时革命共同胜利的结果,是以资本主义的彻底灭亡为前提的,此时,阶级差别和阶级对立已经失去了其存在的社会基础。而反观当前我国社会主义,显然离马克思、恩格斯所说的社会主义还存在巨大差距,也正是基于此,邓小平将我们所处的阶段界定为社会主义的初级阶段,并认为将长期处于这一阶段。这就意味着,虽然我国国家职能的重心发生了转变,实现了由专政到公共服务和社会管理的历史性飞跃,但这并非意味着我国已经没有专政职能。相反,国际范围内的阶级斗争还普遍存在,资本主义并没有灭亡,社会主义与资本主义的斗争依然存在,维护社会主义国家安全,仍旧是一场异常惨烈的持久战。就此而言,国家治理问题的提出恰恰是对马克思主义国家学说的当代继承和发展。

二、国家治理现代化理论对中国特色社会主义理论的丰富和发展

七十多年前,"中国实现了解放和独立,成为屹立于世界东方的伟大的社会主义国家。而今又在中国共产党的领导下,正向着现代化阔步迈进。在今天,在社会主义、共产主义处于低潮的情况下,作为像中国这样一个朝气蓬勃、迅速发展的社会主义国家的存在,对于世界的意义是不可等闲视之的。这一切都应归结于有中国特色社会主义理论的指引"[①]。"马克思晚年提出跨越'卡夫丁峡谷'的设想,但对跨越'卡夫丁峡谷'后如何建设这个社会主义,马克思并没有更多地论述;毛泽东领导中国革命实践了跨越'卡夫丁峡谷'的设想,在中国社会主义革命和建设过程中,他也作了艰辛的探索,但未从根本上解决如何建设社会主义问题。党的第二代、第三代和以胡锦涛为首的中央领导集体从当时中国的基本国情及

---

① 金锋:《中国特色社会主义理论对科学社会主义理论的贡献》,《中共南昌市委党校学报》2008年第10期。

其主要矛盾规定的历史任务出发,从正反两方面作了认真的总结,在此基础上提出他们的理论——中国特色社会主义理论。中国特色社会主义理论从新的时代特征出发,用新的视角,提出新的观点,集中回答了'什么是社会主义、如何建设社会主义,建设什么样的党、怎样建设党,实现什么样的发展、怎样发展'的一系列重大问题。中国特色社会主义理论科学地解决了在跨越'卡夫丁峡谷'后的中国如何建设社会主义的问题,填补了马克思提出跨越'卡夫丁峡谷'设想所留下的理论空白,发展了科学社会主义的理论。"①但实践发展不止,真理永远处在过程之中,对科学社会主义建设道路的探索也是一个不断深化的过程。改革开放以来,我国一方面创造和积累了巨大财富;另一方面由于各方面准备不足,尤其是在政治、文化和生态文明建设中还存在着一些问题。立足经济发展进入新常态的现实,党的十八届三中全会上习近平总书记极具创造性地提出:"全面深化改革的总目标是完善和发展中国特色社会主义制度,推进国家治理体系和治理能力现代化。"②"初步回答了什么是社会主义现代化强国、怎样建设社会主义现代化强国的基本问题"③,从理论和实践两个层面完善和发展了中国特色社会主义理论,把马克思主义中国化时代化提高到新境界、新水平,主要体现为:

第一,科学解答了怎样建设社会主义国家的历史性课题。习近平总书记指出:"实际上,怎样治理社会主义社会这样全新的社会,在以往的世界社会主义中没有解决得很好。马克思、恩格斯没有遇到全面治理一个社会主义国家的实践,他们关于未来社会的原理很多是预测性的;列宁在

---

① 金锋:《从马克思的跨越设想到中国特色社会主义理论》,《社会科学论坛》2009年第6期。
② 《中共中央关于全面深化改革若干重大问题的决定》,《人民日报》2013年11月16日。
③ 颜晓峰:《法治是治国理政的基本方式》,《天津日报》2015年1月12日。

俄国十月革命后不久就过世了,没来得及深入探索这个问题;苏联在这个问题上进行了探索,取得了一些实践经验,但也犯下了严重错误,没有解决这个问题。"①我们党尽管为此进行了艰苦卓绝的探索,也取得了重大成就,但也问题较多,需要不断完善和改进。党的十九大提出:"到建党一百年时建成经济更加发展、民主更加健全、科教更加进步、文化更加繁荣、社会更加和谐、人民生活更加殷实的小康社会,然后再奋斗三十年,到新中国成立一百年时,基本实现现代化,把我国建成社会主义现代化国家。"②治理体系和治理能力是一国制度和制度执行能力的直接反映。而要按期实现党的十九大设置的战略规划,就需继续坚持改革,加大改革的力度和鼓足改革的勇气,全面推进国家治理现代化建设,就是要根据实践发展的需要,"既改革不适应实践发展要求的体制机制、法律法规,又不断构建新的体制机制、法律法规,使各方面制度更加科学、完善、成熟、定型,实现党、国家、社会各项事务治理制度化、规范化、程序化"③。从这个角度而言,社会主义的国家治理绝不是单一领域的改革和治理,而是全社会的整体治理,是一种共治共享,囊括了社会的各个方面、各个领域,其中市场治理、政府治理、社会治理和党的治理构成了国家治理的核心组成部分。这无疑是对社会主义治理理论的深化与创新。

第二,进一步丰富发展了社会主义现代化国家理论。作为人类发展史上一种全新的社会类型,其产生和发展依然是社会基本矛盾作用的结果。毛泽东指出:"在社会主义社会中,基本的矛盾仍然是生产关系和生

---

① 习近平:《习近平谈治国理政》,外文出版社2014年版,第91页。
② 习近平:《决胜全面建成小康社会,夺取新时代中国特色社会主义伟大胜利——在中国共产党第十九次全国代表大会上的报告》,《人民日报》2017年10月18日。
③ 李洪峰:《习近平治国理政思想:马克思主义中国化新境界》,《邓小平研究》2016年第1期。

产力之间的矛盾,上层建筑和经济基础之间的矛盾。"①所以,要建立社会主义现代化强国,就应大力发展生产力,这是走向社会主义现代化的唯一途径。也正因如此,我国力主实现"四个现代化",即实现社会主义工业、农业、国防和科学技术现代化。可以说,这一理论有效诠释了社会主义现代化的基本内涵,为我国社会主义现代化建设指明了方向。因此,在我国生产力快速发展的同时,必须适时推进政治体制改革,以促进上层建筑现代化,使其更好地适应经济基础和生产关系。而国家治理现代化就是要实现上层建筑现代化。习近平总书记指出:"国家治理体系和治理能力是一个国家制度和制度执行能力的集中体现。国家治理体系是在党的领导下管理国家的制度体系,包括经济、政治、文化、社会、生态文明和党的建设等各领域体制机制、法律法规安排,也就是一整套紧密相连、相互协调的国家制度;国家治理能力则是运用国家制度管理社会各方面事务的能力,包括改革发展稳定、内政外交国防、治党治国治军等各个方面。"②国家治理体系和治理能力现代化本质上即为制度体系和制度执行能力的现代化,是上层建筑的现代化,习近平总书记提出,国家治理体系和治理能力现代化"是完善和发展中国特色社会主义制度的必然要求,是实现社会主义现代化的应有之义"③。这一定位清晰揭示了它在社会主义现代化中的历史地位,从根本上进一步丰富和发展了社会主义现代化理论。

三、国家治理现代化是中国共产党执政能力发展的新阶段

党的十八届三中全会提出:"全面深化改革的总目标是完善和发展中

---

① 毛泽东:《毛泽东文集》(第七卷),人民出版社1999年版,第214页。
②③ 习近平:《习近平谈治国理政》,外文出版社2014年版,第90页。

国特色社会主义制度,推进国家治理体系和治理能力现代化。"①作为社会主义现代化的领导者,中国共产党的双重身份要求其在实现全面深化改革总目标进程中,必须不断提升自身执政能力,以跟上国家治理现代化的发展步伐。作为执政党,中国共产党是中国国家治理中最为关键的核心;作为领导党,中国共产党是实现整体合作治理的主要协调者和主导者。同时,中国共产党还归口管理我国国家行政事务,其执政能力在某种程度上说就是国家治理能力。所以,推进国家治理现代化就必然包含着党执政能力的现代化,这是对执政的中国共产党治国理政能力提出的新要求,是党执政能力发展的新阶段。

第一,提升党的执政能力是增强现代国家治理主体的前提。现代国家治理与传统社会的统治与管理是截然不同的,前者强调的是多元主体的联合协作治理,而后者则全力维护政府的一元之治。"有效的国家治理涉及三个基本问题:谁治理、如何治理、治理得怎么样。这三个问题实际上也就是国家治理的三大要素,即治理主体、治理机制和治理效果。"②有效治理是以良好治理主体为基础的。从我国当前现实来看,中国和世界大多数国家一样都是政党政治,而"执政党治理构成现代政党治理的主体。它意味着执政党代表政府,同市民社会就利益分配与发展等重大经济社会问题进行谈判与再谈判,并以此完成社会整合、达成社会有机团结"③。党领导国家治理,主要是作为执政党的中国共产党,将广大人民群众的利益诉求通过国家权力机关——人民代表大会合法化为国家意志,最后由以政府为主导的多元主体负责实施,从而解决社会发展中的公共事务问题。由此可见,党的执政过程实际上就是某种程度的国家治理,

---

① 《中共中央关于全面深化改革若干重大问题的决定》,《人民日报》2013 年 11 月 16 日。
② 俞可平:《推进国家治理体系和治理能力现代化》,《前线》2014 年第 1 期。
③ 徐锋:《现代政党治理刍论》,《当代世界与社会主义》2004 年第 1 期。

党的执政能力的强弱直接决定着其治理水平的高低。在国家治理现代化过程中，提升党的执政能力，就是在提升国家治理主体的能力。

第二，提升党的执政能力是引领现代国家治理的基本要求。"党不仅是现代国家治理的重要主体，直接参与现代国家治理，还需要引领其他国家治理主体的治理活动。"①这是因为，在中国，党领导一切，中国共产党长期执政且在国家中处于领导核心，这决定了其独一无二的政治地位。在国家治理现代化中，中国共产党的领导涵盖社会生活的各个领域，在国家整体协作治理中起着协调各主体的核心引领作用。就当前我国具体现实而言，社会力量发展仍处于培育提升阶段，更需要党在国家治理现代化中充分发挥引领作用。改革开放前的特定历史时期，中国实行的是全能型治理模式，强调"一元化的治理主体、策略性地处理阶级关系、以阶级动员和阶级斗争为治理的实现机制，依托各级党组织和国家政权机构为组织载体"②。而政府之外的其他治理主体发展空间有待扩展，譬如社会组织，据统计，"至2011年，中国的社会组织总共才有46.2万个，而这个数字则是1988年时的100多倍"③。社会组织数目少且发展程度低，公民的政治参与意识和能力也相对不足，这使得党的治理必须渗透在社会的各个领域以保障治理效能。只有提升党应对市场风险、发展民主政治、构建和谐社会等的综合治理能力，才能在国家治理的各个方面发挥领导核心作用，引领其他治理主体的治理行为。

第三，提升党的执政能力是国家治理现代化的重要组成部分。"政党政治是现代国家治理的普遍模式……政党先进，国家就会强大，人民也有

---

① 王可园、齐卫平：《国家治理现代化视角下党的执政能力提升研究》，《理论与改革》2014年第6期。
② 唐亚林、郭林：《从阶级统治到阶层共治——新中国国家治理模式的历史考察》，《学术界》2006年第4期。
③ 夏建中、张菊枝：《我国社会组织的现状与未来发展》，《湖南师范大学社会科学学报》2014年第1期。

福祉；反之，国家的政局就会动荡，人民的利益也可能蒙受损害。"①政党是否先进取决于：是否代表绝大多数人的利益，是否拥有极强的执政能力。中国实行共产党领导的多党合作制度，是一党执政，这是中国现代国家治理体系的鲜明特征。中国共产党的"执政能力如何，通过控制和运用国家权力推动社会发展的能力如何，不仅是实现国家治理体系治理能力现代化的重要前提，其实也是推进国家治理体系和治理能力现代化的重要组成部分"②。政治学视域中治理的概念与公共管理学视域中治理的概念有质的区别，不能不加区别就引入国家治理现代化中，这样"不仅有'借机否定执政党的执政地位'的嫌疑，而且其用意是企图'借力打力'宣扬西式民主，从根本上忽视了执政党在现行国家治理体系中的核心地位，忽视了执政党在未来国家治理体系中的核心地位，将给国家的治理体系和治理能力带来严重后果"③。所以说，妄图撇开中国共产党在执政能力上的优势而去大谈特谈国家治理现代化，既不现实也不可能。国家治理现代化在一定程度上就是党的执政能力的现代化，这是对中国共产党执政能力提出的新要求，是党执政能力发展的新阶段。

---

① 刘宗洪：《国外政党兴衰对中国共产党的警示》，《中共天津市委党校学报》2014年第2期。
② 王长江：《中国政治文明视野下的党的执政能力建设》，上海人民出版社2005年版，第39页。
③ 沈承诚：《不可过分强调治理主体多元化》，《中国社会科学报》2014年8月1日。

第三章 | 我国政府职能转变的历史进程

- 第一节 中国传统社会政府职能转变的历史进程
- 第二节 新中国成立以来我国政府职能转变的历史进程

第三章 | 我国政府职能转变的历史进程

一个国家的现代化发展深深扎根于它的历史土壤之中。中国几千年历史的积淀不仅铸就了社会发展的基本框架,还形成了与众不同的国家治理体系。"在传统的农耕社会中,国家主导和支配着经济、社会和文化的发展,中国形成了强大的官僚主导的行政性帝国。"①新中国成立之后,在内外因素的双层历史作用下,政治成为政府的主要职能,社会和经济职能处于从属地位,为其服务。特殊时期、特殊形势铸就了独特的职能形态和职能结构,促生了政治主导型政府的产生,政府对社会和经济领域实行计划服务和全面领导。改革开放以来,伴随中国从"以阶级斗争为纲"转向"以经济建设为中心",政府职能在聚焦经济的基础上整合社会和政治职能,为社会主义市场经济体制的建立和政府职能的转变探索出新的道路。开放的时期、开放的形势铸就了新的职能形态和职能结构,促生了经济型政府的产生,政府的职能重心是发展经济。跨入新时期新阶段以来,数字化时代的到来、全球一体化的推进和新型技术的广泛应用,对政府职能提出了更高的要求,政府成为全面建成小康社会、实现国家现代化以及中华民族伟大复兴的组织者和领导者。新时期新阶段铸就了新的职能形态和职能结构,促生了以服务为导向的政府的产生,政府的职能重心转向社会管理和社会服务,这也成为中国行政体制改革奋斗的目标和方向。

第一节　中国传统社会政府职能转变的历史进程

学术界通常以生产力的进步为标准划分社会形态,将人类社会分为

---

① 林尚立:《政治建设与国家成长》,中国大百科全书出版社2008年版,第9页。

传统社会、现代社会和后现代社会。统治型治理模式主要存在于传统社会,尤其是人类历史上的奴隶制社会和封建社会时期,这些时期属于农业经济时代或者说前资本主义社会,其治理模式是一种低级、原始的治理。在中国传统社会,国家并不具备现代意义上的政治共同体的内涵,而是家国同构的中央集权制的专制政体。秦朝统一六国之后,建立了一系列维护中央集权的制度,推行郡县制、统一度量衡与法律、设置常备军等国家政治制度。中国传统社会发达的中央集权的统治机器面对的是单一化、整体化的农业社会和分裂软弱的市场。传统社会在帝国体系下整合为一个整体,社会自身没有强大的力量实现整合,社会的组织和运行对国家权力的高度依赖,成为传统社会的内在属性。政府是在近代以后出现的,现代特征非常明显,所以,政府职能是一个现代性的概念。本书所使用的"政府"是现代意义上的政府概念,在以自然经济为基础的国家统治时期,尚未形成现代意义上的政府,王朝行使着现代政府的所有职能。鉴于行文的便利和论述的需要,在本章中笔者将以自然经济为基础的国家统治中的权力主体也称作"政府",以便更好比较和分析。

作为社会演变的痕迹,历史简单地说就是一部人类追求善治的时间画卷,是依靠社会治理而促使生产力发展的过程。在人类社会诞生初期,由于生产力极其低下,为了生存,人们只能过群居生活,因此共同劳动就成为当时的基本生产方式,财富的占有方式也相应地采取公共所有制。在此时,现在意义上的国家和政府还没有产生,社会领域极其简单和单纯,社会管理也在以一种"类行政"的形式而进行,其结构也十分原始、单一。这个时候虽然没有国家和国家机构,但是不等于没有秩序。"这一秩序正是依靠由民主选举并可以罢免的酋长和氏族会议等组成的简单管理机构来维持。"[1]

---

[1] 郭强:《马克思恩格斯晚年国家起源思想的发展理路——从〈摩尔根"古代社会"一书摘要〉到〈家庭、私有制和国家的起源〉》,《燕山大学学报》2011年第3期。

随着铁器的出现和生产力的发展,产品逐渐有了剩余,这为私有制的产生创造了条件。在私有制和贫富分化诞生以后,在社会劳动关系中居于主导地位的氏族首领渐渐演变成政治社会的国王或者皇帝,从而逐步确立了国家最初的雏形。这也表明,政府不是从来就有的,而是适应社会发展的需要、由具有社会自治性的氏族管理机构演化形成的。据此可知,"国家是以一种与全体固定成员相脱离的特殊的公共权力为前提的,它不仅是阶级矛盾的产物,是统治阶级的工具,而且也从社会中分化出它的管理机构"①。伴随国家出现人类进入了农业社会。在此后四千多年的奴隶至封建社会,都属于以自然经济为基础的农业社会,其社会生产力非常低下,农奴和农民在社会中占绝大多数,社会处于分散状态。马克思主义认为,政府职能具有二重性,政府具有政治统治和社会公共事务管理双重职能。但在以自然经济为基础的社会中,政府治理等级化和集权化特色鲜明,即实行的是"权治",政府的根本职能在于维护和实现统治阶级的利益。因而,在以自然经济为基础的政府治理中,其重要的职能在于统治,统治就是治理,治理也即统治。

中国四千余年国家治理采取的皆为君主专制,其目的在于维持一个阶级对另一个阶级的剥削和奴役。第一,政府的根本职能在于维护和实现统治阶级的利益。国家和政府在其产生之初就表现出极强的阶级专政属性,而政府的根本职能就是依靠政治统治来实现和维护统治阶级的利益。"国家一切权力集中在统治者手里,以国王或君主为中心,国君一人掌握着国家的最高统治权,凌驾于法律之上,不受法律的约束。在此基础上,形成了一整套固定化的政府及其官员的行为规则、程序规则和一些具体的可操作的、强制性的管理方式,即以国家权力作为后盾实施国家和政

---

① [德]马克思、恩格斯:《马克思恩格斯选集》(第四卷),人民出版社1972年版,第91页。

府对社会的全面控制和赤裸裸的政治统治,统治者没有给民主管理留下一丝发展空间。"①我国从国家产生到1911年的这几千年间实行的皆为君主专制制度。国家的一切权力集中于帝王一人之手,帝王在立法、司法、行政方面拥有无限的权力,可以予取予夺。国家权力掌握在帝王手中,帝王处在权力宝塔式官僚机构的顶端,军权、政权、财权、司法权全部归其所有,帝王具有无限的权力,即"天下事无大小皆决于上";帝王张口为法,"主独制于天下而无所制也",帝王的言行是评判所有是非的标准。在统治阶级内部,通过采用终身制、世袭制、任命制等来保证权力的延续和利益的实现,国家的民主说到底就是统治阶级内部的民主。由此可见,"在以农业为基础的中国传统社会之上有一个独立的国家实体,国家是掌握在统治者手中的,而统治者又是有着自身的特殊利益要求的,政府无非是服务于这种特殊利益要求"②。第二,统治者按照自己的意志选择政府机构。统治型政府的统治职能在于"等级秩序的维护",熊得山在研究中国社会史时,得出的结论是:"封建国家的政事,不外所谓'兵刑钱谷'等项,大概在武备方面,是准备开疆扩土或保国为民;在内政方面,是要维持等级的秩序,驯服人民,使'出粟米麻丝以事其上'。历代的理财部,只知巧立名目,聚敛于民。至于如何发展社会经济,那是封建国家多不顾虑的。"③这在无形之中也佐证了在王朝治理格局下被君王放在第一位的是"等级秩序"的维护,统治型政府的基本职能就是"阶级统治"(或政治统治)。

为了实现统治者维护的政治秩序,传统社会的政府在履行统治职能的同时,也没有忘记自己承担的社会管理职责。孕育诞生于氏族组织的国家,并没有放弃管理社会事务的职责,而是做到了以社会职能巩固政治

---

① 胡孟霞:《服务型政府建设中存在的问题及对策研究》,硕士学位论文,湖南师范大学,2007年。
② 张康之:《公共行政中的哲学与伦理》,中国人民大学出版社2004年版,第216页。
③ 熊得山:《中国社会史论》,上海世纪出版社2007年版,第11—12页。

职能,以政治职能促推社会职能,实现了二者的携手发展。马克思指出:"古代中国社会一般有三个政府部门,即财政部门、战争部门和公共工程部门;由于气候和土地条件的影响,通过水利工程实行人工灌溉,这是古代中国农业的基础,而人们不能产生自愿的联合,这就需要中央集权的政府进行干预;现在,不列颠人在东印度从他们的前人那里接收了财政部门和战争部门,但是却完全忽略了公共工程部门。因而,不能按照不列颠的自由竞争原则——自由放任原则——行事的农业便衰败下来。"[1]恩格斯就此指出:"政治统治到处都是以执行某种社会职能为基础,而且政治统治只有在它执行了它的这种社会职能时才能持续下去。"[2]但是"管理追求的是与统治一体化条件下的管理,管理行为自身未得到充分自觉,管理从不隐瞒为统治服务的职能特征,统治、管理职能处于混沌统一的状态,管理职能只不过是统治职能的辅助工具"[3]。

综上所述,以自然经济为基础的中国传统社会实施单中心秩序,是中央集权式的一元化管辖,政府最根本的职能是进行政治统治,现代意义上的服务职能微乎其微,主要集中在维护社会安全、灾害救助等有限领域,这些职能本质上是服务于统治职能的。

第二节 新中国成立以来我国政府职能转变的历史进程

经济基础决定上层建筑,我国政府职能的转变历程与经济体制改革的

---

[1] [德]马克思、恩格斯:《马克思恩格斯文集》(第九卷),人民出版社2009年版,第680页。
[2] 同上书,第187页。
[3] 张康之:《寻找公共行政的伦理视角》,中国人民大学出版社2002年版,第124页。

历程是一致的。新中国成立至今,从具有封建色彩的农业与手工业经济到计划经济,再到改革开放之后的社会主义市场经济,我国的政府形态发生了多次变化,政府职能也经历了从以政治职能为重心的"全能型政府"到以经济职能、公共服务职能为重心的"服务型政府"的转变。根据不同时期的职能重心,可以将新中国成立至今政府职能的变迁划分为以下三个阶段:

一、计划经济时期的政府职能(1949—1978)

中华人民共和国的成立结束了中国传统社会以中央集权和官僚政治为内容的政府统治职能,为中国建立更加科学合理的政府职能模式奠定了坚实的政治基础和有力的制度支撑。新中国成立初始,中国为尽快走出帝国主义国家阵营的封锁和包围圈,尽早甩掉"一穷二白"的帽子,在马克思主义和苏联经济学理论的影响下,建立了以高度集中的计划经济为前提和基础、政府利用行政手段直接控制和组织企业生产经营的政府模式。此类模式是立足于社会主义初级阶段基本国情,集中力量进行国家建设的一种选择。自此,中国人民在中国共产党领导下,迈入了计划管理体制,由政府按计划对全社会统一进行实物配给,政府通过手中掌握的行政权,全面管理全国经济,将社会建设与发展也一起纳入国家治理体系。计划管理体制下,政府拥有"政治型"政府的主要特点。政府的这种职责和功能定位一直保持到党的十一届三中全会。按照政府职责和功能发挥作用的侧重点的不同,能够将这一时期中国政府职能的发展分成两个阶段。

(一)政治与公共管理并重职能模式(1949—1958)

从1949年至1958年的十年间,是新中国行政体制探索构建和逐步完善时期。新中国成立之初,相对于崭新的政治制度,中国的社会管理结构从一定程度上说几近空白,经济严重滞后、人民填不饱肚子、物资匮乏之至,在政治与经济都需要得到迅速发展的现实面前,党中央通过借鉴苏联发展经验,建立了高度集中的计划管理体制。所以,在当时设置国家管理机构时,为了做到高效全面的管理,政府的组织机构通常规模庞大。"1949年9月成立了由56人组成的中央人民政府委员会,下设政务院、人民革命军事委员会、最高人民法院和最高人民检察署,分别执行国家行政、国家军事、国家最高审判和检察职能。10月21日成立政务院,下设政治法律、财政经济、文化教育和人民监察四个委员会,分别指导有关的部、署、会、行、院。"[1]政务院在刚刚组建的时候由30个部门组成。各部门的工作实行双向归口管理,既归政务院领导,又归其所属指导委员会的领导。1954年9月一届全国人大通过法律,规定"国务院即中央人民政府是最高国家行政机关","并对原政务院时期的机构设置进行了改组,国务院共设35个部委、8个办公机构、1个秘书厅、20个直属机构,共计64个工作部门"[2]。但和1949年相比没有大的变化,采用的仍然是政府通过强制性行政权按计划对全社会统一进行实物配给的"大政府,小社会"行政模式。按其管理对象可以划分为履行经济职能的部门(如机械、冶金、化工、电子、纺织、水电等)和履行非经济职能的部门(如外事、国防、文体卫等)。各经济部门的主要职责就是以行政手段负责其所管辖的企业的人、财、物,但其产、供、销皆由它的上级部门负责。从结构上来看,各经济职能部门内部机构的设置及规模完全取决于它所发挥的功能,一般是按照管人、财、物及产、供、销的功能进行分类,最后设置对应的机构履行相应职能。从实际运行来看,"中国政府形态包括以人民代表大会制和民主集中制为基础的国家权力结构,以共产党领导的多党合作为内容的政党体制,中央、省(直辖市、自治区)、市、县(自治县)、乡(民族乡)5级

---

[1] 沈传宝、邢和明:《创建新中国》,北京人民出版社2011年版,第9页。
[2] 任晓:《中国行政改革》,浙江人民出版社1998年版,第105页。

政府为主的分层管理和上下统一相结合的行政管理体制,以党管干部为主要原则的干部人事管理制度,将党的领导与司法独立结合起来的司法体制等。其基本特点是:社会政治、经济和文化的高度一体化;共产党在政府中居于领导核心地位;高度的中央集权和计划模式"①。

经过一段时间的实践后,发现这样的机构设置存在局限性:国家层面的机构功能重复,编制过大,导致办事效率低下,工作杂乱无章,相反基层单位则骨干力量严重不足,不能担负起新中国成立初期沉重而繁杂的基层工作。所以"在1955年至1958年,进行了建国后第一次大调整。1955年3月,开始在中央机关以撤并机构、减少层次、精简人员为主要内容的政府改革,截至6月底,据不完全统计,政府机关已经缩减了原有人数的40%以内,中共中央直属机关已经缩减了原有人数的47%"②。通过这次大范围的调整,压缩了编制、调剂了干部,极大地改进了领导作风和方法。1955年12月至1956年2月又对地方进行了行政管理机构精简和人员缩减。这次从中央到地方的大幅度改革在一定程度上达到了精简机构、优化层级、减员增效的目的,成绩有目共睹。但这次改革的缺点也很明显,改革只停留在机构调整层面,尚未涉及体制的优化问题。撤并精简后的政府和之前相比是进步了一些,可中央权力过大、管得较多,而地方自主性不强的问题依然存在。基于以上问题,"1956年10月30日中央提出了《关于改进国家行政体制的决议(草案)》,这是新中国成立后第二次较大规模的体制改革和机构改革。这次改革的主要内容是中央下放权力到地方,通过国务院精简所属工作部门完成权力的下放,进而达到扩大地方自主权的目的。1958年,撤销合并了国家建设委员会等十多个单位。1958年底,国务院下设68个机构,经过调整,国务院部委减少了8

---

① 王宏:《中国"大政府"体制的特点及利弊分析》,《兰州学刊》1999年第6期。
② 任晓:《中国行政改革》,浙江人民出版社1998年版,第127页。

个,直属机构减少5个。1959年,国务院工作部门又作了进一步调整和撤并,到1959年底,国务院下设39个部委,另外还有20余个直属机构和办事机构,机构总数达60个,同比1956年第一次机构改革减少21个"[1]。这一轮改革的最大特点是中央权力的大幅度下放,首次在中国建立了与苏联不相同的、适合中国国情的、中央政府有足够控制权与地方有适当权力相结合的"集中分权式"政府管理模式。这种模式的主要特点是,"在保持中央政府具有足够的控制权的前提下,在整个政府系统内部进行自上而下的权力再分配,将配置社会资源的各种权力分层次地派分给从中央到地方的各级政府,由中央和地方各级政府分别对整个社会从宏观、中观到微观实行全面控制,把'条条专政'变成了'块块专政'"[2]。这种政府治理模式,对当时我国社会经济的发展起到了推动作用。虽然其本身也有短板,即与市场机制的不相容,但瑕不掩瑜,在这种模式带动下,我国在很短的时间内就改变了一穷二白的面貌,恢复了国民经济,更为可贵的是为社会主义工业化打下了坚实的基础。所以,这种模式深深影响着中国的历次政府改革,尤其对新时期建设服务型政府有所裨益。可是,"集中分权式"政府管理模式仍然具有排斥市场机制的制度安排的局限。

(二) 以政治职能为重心职能模式(1958—1978)

1958年到1978年的20年间,我国政府职能调整出现阶段性失衡,由政治与公共并重逐渐走向了以政治为主导的职能模式。其实1956年10月开始的政府机构改革,已经提出要按照"统一领导,分级管理"原则简政放权,把权力重心向地方倾斜,实现由"以条条管理为主向以块块管理为主"的转变,从而达到对职权的优化。可是因为"大跃进"的出现,这

---

[1] 金太军:《重大公共政策分析》,广东人民出版社2014年版,第81页。
[2] 张丽曼:《论中国政府管理模式的转型》,《社会科学研究》2004年第6期。

个改革举措并没有被付诸实践，政府权力下放的设想未能实现，为经济发展创造宽松条件的想法也没有落实，相反却阻碍了经济发展，导致国民经济比例关系不协调，经济效益下滑和宏观失控严重，加上三年困难时期的影响，人民生活非常困难。譬如，1961年国民经济增长率相较1958年而言，不增反降，下滑了11%。为了摆脱这种不利的形势，从1961年起为贯彻"调整、巩固、充实、提高"的方针，又展开了新一轮的政府机构改革。"1961年中共中央发布《关于调整管理体制的若干暂行规定》，要求经济管理大权必须集中到中央、中央局、省（自治区、直辖市）三级，在最近的两、三年内要更多地集中到中央和中央局，所有生产、基建、物资、文教、财务、劳动等工作，都必须执行全国一盘棋、上下一本账的方针。"[1]在这个政策的主导下，到1965年底中央政府机构又回到了1956年前的规模。从总体上看，这一时期政府职能依然是中央政府掌握着社会中的大部分权力、全面主导和控制所有的经济与社会发展事务，地方政府扮演着一种执行者的角色。"文化大革命"开始后，伴随以"阶级斗争为纲"思想在整个社会中主导地位的建立，国家机关遭到大面积冲击和损坏，工作陷于停顿、半停顿状态，国家机关大批裁减机构和下放人员，国务院此时实际领导的部门仅剩19个，和最多时的79个相比，数量锐减。在此期间，政府的公共管理职能与经济职能完全被政治职能替代，政府依靠政治命令来达到对经济社会的领导。1976年粉碎"四人帮"之后，国务院前后恢复和增加了48个工作部门，到1981年底，国务院的机构设置数增至100个，达到了新中国成立以来的最高点。此时政府的社会管理和经济职能也得到了不同程度的恢复。

总之，这20年之间，从大的走向来看，经济体制发展明显，政府利用下达计划经济任务的方法主导社会运行，权力也高度集中在中央政府手

---

[1] 陈勇勤：《中国经济思想史》，河南人民出版社2008年版，第390页。

中。其间虽然进行了5次下放权力、提升地方政府自主性的机构改革,可还是没有走出"精简—膨胀—精简—膨胀"的循环窠臼。这几次改革皆为将政治运动对社会经济的影响降至最低而进行的被动式机构调整,没有触及政府职能转变。所以,不能将其强行划入现代行政体制改革的范畴,正如前面所分析的,此类职能模式特别注重政府的政治职能,未能充分重视市场机制对经济社会发展的价值,主要运用行政手段来配置社会资源和主导经济运行。

二、社会全面发展时期的政府职能(1978—2003)

改革开放之初,为了推动经济快速发展、短期内改进人民生活状况,我国迫切需要政府通过转变经济管理方式来优化市场环境。因此,在这一重大而现实的需求之下,我国拉开了以"弱化政治职能,提升经济职能"为主要内容的政府职能转变的大幕。从1978年到2003年这25年间,经济发展指引和制约着我国政府职能转变的走向,推动其实现了从经济建设型政府向经济调节型政府的迈进。

(一) 经济建设型政府职能模式(1978—1992)

1978年到1992年,我国政府职能逐渐由政治型政府职能模式转为经济建设型政府职能模式。尽管党的十一届三中全会之后,党的工作重心已经实现了转变,开始着力发展经济,可是当时政府职能、机构设置和运行方式却没有完成转变,仍然带有许多转变前的影子,主要体现在:部门责任模糊,内部运行不畅,人员大量超编,工作效果极差。邓小平指出这种现象已经严重影响了人民政府的形象,在1982年《精简机构是一场革命》的讲话中指出:"精简机构是一场革命。如果不搞这场革命,让党和国家的组织继续目前这样机构臃肿重叠、职责不清,许多人员不称职、不负责,工作缺乏精力、知识和效率的状况,这是不可能得到人民赞同的。"①这次改革充分考虑到了政府在经济体制改革中的重要作用,在坚持精兵简政原则基础上,政府开展了新一轮机构改革。1982年机构改革之后,出于推进经济体制改革的需要,国家又增设了许多职能部门来处理相关经济事务,到1986年,国务院机构已增至72个,这表明此次改革未能实现预期目标,对于这次改革,后来的总结认为:以精兵简政而推动的改革具有明显的运动倾向,失败是理所当然的,因为机构设置是为了实现政府职责和功能,但是政府过多干预市场、间接管理不足、按产品设置机构的部门管理大格局又会导致其数量减而复增,所以进行彻底的机构改革势在必行。基于此,1988年七届全国人大一次会议通过了《关于国务院机构改革方案的决定》,提出"以政府职能转变为关键,要求按照政企分开的原则,把直接管理企业的职能转移出去,把直接管钱、管物的职能放下去,把决策、咨询、调节、监督和信息等职能加强起来。政府对企业由直接管理为主逐步转到间接管理为主,减少政府机构直接干预企业经营活动的职能;强化宏观管理、淡化微观管理;重点改革专业经济管理部门,撤销专业部委组建公司,完善或新建一些综合和行业管理机构。同时,逐步理顺政府同人民团体的关系,把原来行政机关的部分职能转移到各种协会去承担。②

---

① 中共中央文献编辑委员会编:《邓小平文选》(第二卷),人民出版社1994年版,第396页。
② 这次机构改革不是简单的撤减、合并,而是转变职能,按政企分开的原则,把直接管理企业的职能转移出去,把直接管钱、管物的职能放下去,加强决策、咨询、调节、监督和信息等职能。如原国家计委、国家经委的职能重复交叉,且承担了许多应该由其他部门管理,甚至企业经营的具体事务。所以撤销国家计委、国家经委,组建新的国家计划委员会,将其作为国务院管理国民经济和社会发展的综合部门,不再承担微观管理与行业管理职能,是一个高层次的宏观管理机构。又如撤销煤炭工业部、石油工业部、核工业部,组成石油天然气总公司、统配煤矿总公司、核工业总公司,新组建能源部作为国务院统管全国能源工业的职能部门,对这些公司进行归口管理。参见宋平:《关于国务院机构改革方案的说明(1988年)》,中国人大网,http://www.npc.gov.cn/wxzl/gongbao/2000-12/26/content_5002068.htm。

此外，提出精简、统一、效能的原则，要求精干机构、精简人员，提高行政效率。提出适应党政职能分开和干部人事制度改革的要求等"[1]。总而言之，经过这15年的改革，中央和地方在事权、财权的分配方面和过去相比进步显著，地方政府有了一定程度上的自主发展经济和对外开放的权力，促进了我国经济社会的快速发展。

(二) 经济调节型政府职能模式(1992—2003)

1992年到2003年，我国政府职能逐渐由经济建设型政府职能模式转为经济调节型政府职能模式。党的十四大提出："我国经济体制改革的目标是建立社会主义市场经济体制，以利于进一步解放和发展生产力。"[2]党的十四大之后，围绕着这个总目标，党内外开始思考政府机构的调整方案，以充分发挥政府为市场经济体制服务的职能。在此背景下，党的十四届二中全会通过《关于党政机构改革的方案》，提出"机构改革应以适应社会主义市场经济发展的要求为目标，按照政企职责分开和精简、统一、效能的原则，切实做到转变职能、理顺关系、精兵简政、提高效率"[3]。这次改革与前几次明显的不同和巨大的进步在于对政府机构改革的目的做了明确规定——政府要向市场经济的方向转型。这次改革有两大贡献：一是根据发展市场经济的要求，对政府职能进行了重新定位，并从1994年起开始研究如何建立科学有效的宏观调控体系。二是从1993年起开始实行国家公务员制度。这些改革举措为体制的进一步创新发展奠定了坚实基础。但由于市场经济体制在中国是个新事物，计划经济对人

---

[1] 中国社会科学院公共政策研究中心：《中国公共政策分析》(2001年卷)，中国社会科学出版社2001年版，第23页。

[2] 江泽民：《加快改革开放和现代化建设步伐，夺取有中国特色社会主义事业的更大胜利——在中国共产党第十四次全国代表大会上的报告》，《人民日报》1992年10月12日。

[3] 《关于党政机构改革的方案》，《人民日报》1993年3月7日。

们依然有很大影响,因此当时改革的效果并不明显。而且受制于历史传统与客观现实的双层夹击,许多问题并没有得到实质性解决,随着市场作用的凸显,政府职能方面存在的问题逐渐显露,新一轮改革的推进成为必然。于是,1998年九届全国人大一次会议通过了《关于国务院机构改革方案的决定》,按照"发展社会主义市场经济的要求;精简、统一、效能;权责一致和依法治国、依法行政"①的原则,进行了行政管理体制改革。这次改革可以说是新中国成立以来最具有现代性质的一次改革,也是政府职能转变力度最大、机构调整最多、人员裁减幅度最大、改革推进最完全的一次,其首要任务是转变职能,重点是改革国务院组成部门,理顺部门职能,为宏观调控扫除障碍。经过改革,国务院部门减至29个。总之,这次改革涉及面广、改革力度大,实现了政企分开,转变了政府管理体制,调整和改组了职能严重交叉的部门,并设置了新的职能部门,是一次以职能转变为核心的行政管理体制改革的巨大实践。但不得不提,改革也遗留下了财政问题的"尾巴",一定程度上导致后续财政负担有所显现。

三、21世纪以来的政府职能(2003年至今)

经过1998年的机构改革和职能转变,政府对社会经济发展的价值得到了体现,我国社会发展也经历了一个发展高潮期。但随着社会经济的深入发展、人民生活质量的不断提升和社会环境的巨大变化,把政府职能仅仅定位在推动经济发展上已经不能满足社会发展的多元化需要,公众对政府在公共利益、社会服务和公平正义方面有更高期待,再一次的政府机构改革和职能转变已为期不远。基于这种现实需要,2003年十届全国

---

① 国土资源部政策法规司:《国土资源管理体制改革》,地质出版社1999年版,第11页。

人大一次会议通过了《关于国务院机构改革方案的决定》,明确"机构改革的关键是转变政府职能,适应社会主义市场经济体制。坚持政企分开、精简、统一、效能和依法行政的原则,形成行为规范、运转协调、公正透明、廉洁高效的行政管理体制。政府要承担经济调节、市场监管、社会管理和公共服务职能,在加强宏观调控和市场监管职能上有所突破,并且实践改革法律保障原则,为建设适应社会主义市场经济的政府体制奠定组织基础"[1]。这次改革的历史价值在于,它从行政理念出发,提出了使政府在公共事务和公共利益方面发挥更大作用的有力措施。在此基础上,经过几年的发展与孕育,党的十七大明确提出"加快行政管理体制改革,建设服务型政府"[2]。在这一目标的指引下,2008年十一届全国人大通过了《关于国务院机构改革方案的决定》,提出:"到2020年建立起比较完善的中国特色社会主义行政管理体制和建设服务型政府的总体目标。进一步转变政府职能,加快推进政企分开、政资分开、政事分开、政府与市场中介组织分开,更好地发挥市场在资源配置中的基础性作用,更好地发挥公民和社会组织在社会公共事务管理中的作用,更加有效地提供公共产品,改善民生。使政府更好地在经济调节、市场监管、社会管理、公共服务等方面发挥职能作用。"[3]这次政府改革的巨大价值在于将改善民生放在了突出位置,将政府的职能比较准确地定位在"社会管理和公共服务"之上,将服务型政府建设确定为自己的发展方向,并对央地两级政府职能重点和权责范围进行了明确。"三份战略七份执行"本应是政策落地的关键,但

---

[1] 王忠禹:《关于国务院机构改革方案的说明》,《全国人大常务委员会公报》2003年第2期。
[2] 胡锦涛:《高举中国特色社会主义伟大旗帜,为夺取全面建设小康社会新胜利而奋斗——在中国共产党第十七次全国代表大会上的报告》,《人民日报》2007年10月21日。
[3] 《第十一届全国人民代表大会第一次会议关于国务院机构改革方案的决定》,《人民日报》2008年3月16日。

其中某些政策方针没有得到有效贯彻,存在一些职能越位、缺位现象,表现为不该管的热情很高,该管的又没有积极性;某些地区职责交错、权责不对等、争权推责问题仍然存在,行政效率有待提升;权力监督也需进一步强化,懒政、渎职、贪腐时有发生。这些问题的出现影响了政府职能的发挥,也使政府的公信力受到了不同程度的影响,因此,必须通过深化体制机制改革,特别是加快职能转变去解决,为政府履职尽责扫清障碍。

2013年十二届全国人大一次会议通过的《国务院机构改革和职能转变方案》,挥出了机构改革与职能转变协同实施的"组合拳"。这次改革:"按照建立中国特色社会主义行政体制目标的要求,以职能转变为核心,深化国务院机构改革和职能转变,重点围绕转变职能和理顺职责关系,继续简政放权、推进机构改革、完善制度机制、提高行政效能,加快完善社会主义市场经济体制,为全面建成小康社会提供制度保障。"[①]此次政府职能转变,最重要的实践节点是将政府职能转变作为深化行政体制改革的中心,并且,明确提出了"政府职能转变的总的原则和方向:按照政府职能向创造良好发展环境、提供优质公共服务、维护社会公平正义转变的要求,适应加强市场监管、提供基本社会保障的需要,转变国务院机构职能,处理好政府与市场、政府与社会、中央与地方的关系,深化行政审批制度改革,减少微观事务管理,该取消的取消,该下放的下放,该整合的整合,以充分发挥市场在资源配置中的基础性作用,更好发挥社会力量在管理社会事务中的作用,充分发挥中央和地方两个积极性,同时该加强的加强,改善和加强宏观管理,注重完善制度机制。通过推动职能转变,加快形成权界清晰、分工合理、权责一致、运转高效、法治保障的国务院机构职能体系,真正做到该管的管住管好,不该管的不管不干预,切实提高政府

---

① 《国务院机构改革和职能转变方案》,《人民日报》2013年3月15日。

管理科学化水平"①。此次政府职能转变的一大亮点,就是着眼"政府—市场—社会"宏观视域,挥出了机构改革与职能转变协同实施的"组合拳",尽力在具体操作层面实现能取消的坚决取消、能下放尽力下放、需整合的进行整合,为市场在资源配置中决定性作用的发挥扫除障碍,为央地两级政府积极性的充分释放创造有利条件,为社会力量参与社会公共事务治理提供便利。另外,改善和加强宏观管理,强化社会性监管,明确职责权限,重新定位政府公共服务与社会管理职能,全方位重构政府职能模式,开启了双向多元治理发展的新局面。

经历了上述改革,随着社会的快速发展和改革的全面深化,党和国家机构设置及职能配置逐渐显露出一些问题,体现为:同统筹推进"五位一体"总体布局、协调推进"四个全面"战略布局的要求还不完全适应,同实现国家治理体系和治理能力现代化的要求还不完全适应。基于此,2018年3月17日第十三届全国人民代表大会第一次会议通过《关于国务院机构改革方案的决定》,认为政府职能转变是深化党和国家机构改革的重要任务,为此整合重组了23个职能部门,这次国务院机构改革,涉及部门之多、职能调整之大、影响面之广、触及利益关系之复杂,都是空前的。但在这些大幅调整优化的背后,始终贯穿着一条主线,就是坚持党的全面领导和以人民为中心,"坚决破除制约使市场在资源配置中起决定性作用、更好发挥政府作用的体制机制弊端,围绕推动高质量发展,建设现代化经济体系,加强和完善政府经济调节、市场监管、社会管理、公共服务、生态环境保护职能,调整优化政府机构职能,全面提高政府效能,建设人民满意的服务型政府"②。同时,提出了推进国家治理体系和治理能力现代化目标下政府职能转变的七条途径:"(1)合理配置宏观管理部门职能。科学

---

① 《国务院机构改革和职能转变方案》,《人民日报》2013年3月15日。
② 《关于国务院机构改革方案的决定》,《人民日报》2018年3月18日。

设定宏观管理部门职责和权限,强化制定国家发展战略、统一规划体系的职能,更好发挥国家战略、规划导向作用。(2)深入推进简政放权。减少微观管理事务和具体审批事项,最大限度减少政府对市场资源的直接配置,最大限度减少政府对市场活动的直接干预,提高资源配置效率和公平性,激发各类市场主体活力。(3)完善市场监管和执法体制。改革和理顺市场监管体制,整合监管职能,加强监管协同,形成市场监管合力。深化行政执法体制改革,统筹配置行政处罚职能和执法资源,相对集中行政处罚权,整合精简执法队伍,解决多头多层重复执法问题。(4)改革自然资源和生态环境管理体制。实行最严格的生态环境保护制度,构建政府为主导、企业为主体、社会组织和公众共同参与的环境治理体系,为生态文明建设提供制度保障。(5)完善公共服务管理体制。健全公共服务体系,推进基本公共服务均等化、普惠化、便捷化,推进城乡区域基本公共服务制度统一。(6)强化事中事后监管。改变重审批轻监管的行政管理方式,把更多行政资源从事前审批转到加强事中事后监管上来。(7)提高行政效率。精干设置各级政府部门及其内设机构,科学配置权力,减少机构数量,简化中间层次,推行扁平化管理,形成自上而下的高效率组织体系。"[①]

[①]《中共中央关于深化党和国家机构改革的决定》,《人民日报》2018年3月18日。

第四章 国家治理现代化视域下我国政府职能转变的现状及困境分析

- 第一节 改革开放以来我国政府职能转变取得的成就
- 第二节 我国政府职能转变的困境分析

第四章 国家治理现代化视域下我国政府职能转变的现状及困境分析

政府作为上层建筑的核心部件和引领者,它的职能方式和重点是由经济基础决定的。从新中国的成立到21世纪的今天,"我国的经济体制呈现'否定之否定'的螺旋式发展:从具有封建色彩的农业与手工业经济到社会主义计划经济,再到改革开放后的市场经济体制,政府形态也随之不断变化"[①]。七十多年来,经过多轮改革和调整,政府机构得到了完善和发展,达成了政府职能优化,逐步实现由计划经济背景下的政治主导型政府向市场经济背景下的服务导向型政府的转变,特别是改革开放之后,随着国内外发展环境的巨大变化,政府职能转变取得了突破性发展,成绩斐然。然而,面对中国社会转型发展过程中纵横交错的张力关系,政府职能转变还需进一步深入,政府体制改革依然面临艰巨的任务。

第一节 改革开放以来我国政府职能转变取得的成就

改革开放之后,随着国家发展重心的改变、经济体制的变革,政治与社会结构亦发生了程度不同的变化,学界有人将这种变化称为"后全能型权威治理"[②],即在这种治理模式下,政府依靠国家超强的实力扫除现代

[①] 商季光:《中国金融体制改革综论》,中国物价出版社1993年版,第29页。
[②] 全称为"后全能主义型的技术专家治国的权威政治模式"。这一政治模式具有技术官僚、低政治参与和高经济收入相结合、由改革开放以前的社会主义全能体制演变而来三个基本特点,它运用强大的国家机器和政治动员能力,以刚性方式排除现代化进程中可能出现的政治动荡、社会危机,保障一个时期内政治秩序的稳定性,因此,后全能型权威政治模式在中国,是一种有助于应对各种社会矛盾、维持秩序稳定、确保向市场经济过渡的社会治理模式,符合我国国情并具有明显的优势。参阅萧功秦:《中国的大转型:从发展政治学看中国变革》,新星出版社2008年版,第114—117页。

化发展道路上的各种障碍,为国家创造有利的发展环境,但"后全能型权威治理"的达到须以良好的政府职能为基础。由此,1978年至今我国不遗余力地推进了八次政府机构改革,其目的在于以机构改革促进和助推政府职能的现代转向,特别是党的十八届三中全会提出的国家治理现代化建设,对政府职能的现代转向起到了规范性和指引性作用。政府的职责和功能只有与现代化的国家治理体系相匹配,才能真正发挥其对社会的推动作用。

一、政府职能逐步融入以公共服务为主的现代行政管理理念

兴起于20世纪后期的新公共管理运动认为,政府要促进经济的发展和维护社会的稳定就须具备"预测及掌握变化的能力、制定周延而明智的公共政策的能力、发展不同方案以执行政策的能力、吸引及有效运用资源达成政府目标的能力、持续学习成长以适应未来挑战的能力"[1],以此为依托利用多元主体治理社会。在这个理论的带动下,各国政府纷纷推进行政改革,目的就是要革新过去"以制度为基础,以权威为动力的政府运作过程"[2]。新中国成立之初,我国基于当时国内外的严峻现实和政治上的需要去设置政府职能与机构,在这种历史背景下,政府权力在整个社会中处于主导地位,政府对全社会实行统一管理,权力高度集中。这种"全能政府"职能模式以计划管理和集权为支撑,政府能够通过行政动员的方式集中力量达到某种目标,在新中国成立初期发挥了重大作用,有力地维护了国家统一政令的畅通,保证了国家重点建设项目的实施,对于迅速恢复国民经济和快速启动工业化发挥了重要作用,具有历史贡献。但由于

---

[1] 张成福、党秀云:《公共管理学》,中国人民大学出版社2001年版,第21页。
[2] [美]唐纳德·F.凯特尔:《有效政府:全球公共管理革命》,朱涛译,上海交通大学出版社2005年版,第2页。

其一定程度上抑制了市场机制和社会组织的作用,社会缺乏活力。在中国幅员如此辽阔的土地上、人口如此庞大的社会里,政府既是投资者又是管理者,产销一身担,这种体制运行的不良结果就是企业活力减弱,效益愈来愈差,社会供不应求,易处于"短缺旋涡"。尤其在推行市场经济体制之前的特定阶段,政府管理幅度相对过宽,社会力量不足,社会监督机制尚待完善。一些部门渎职、贪腐行为时有发生,加之政治参与渠道不畅,政府很难了解民众的利益需求,致使计划过程与无计划结果的问题发生,这样不仅影响了经济的平衡发展,也影响了社会公正。"全能政府"职能模式在此时已经无路可走,改革势在必行。

改革开放以后,我国不遗余力地推进了八次政府机构改革,其目的在于以机构改革促进和助推政府职能的现代转向,"主动接受包括公共服务理念在内的现代行政管理理念,以满足人民基本公共需求为出发点,通过提高行政效率、克服官僚主义、理顺政企关系、促使政府间关系法治化等途径,逐步建立功能全面、结构科学、协调高效的现代政府体系,提出建设服务型政府"[1]。十一届三中全会拉开了中国经济体制全面改革的大幕,重新准确科学地定位政府职能成为经济体制改革必然要求,经济体制改革的持续深入也伴随着政府管理方式的创新与发展,即"由运用行政手段为主转向运用经济手段为主,由微观管理、直接管理为主转向宏观管理、间接管理为主,由重视计划、排斥市场转向把计划与市场有机地结合起来,逐步建立起社会主义市场经济体制"[2]。转型发展的客观现实要求政府职能必须在市场的指引下,做到与时俱进、创新发展,建立一个致力于谋求公共利益、实现公平正义和维护公共秩序的有效的强治理政府。以此为契机,20世纪末,中国政府提出构建服务型政府,但这种构建是全方

---

[1] 杜晓溪:《城乡协调发展背景下政府职能转变研究》,博士学位论文,华中师范大学,2011年。
[2] 王甲成:《政府成长论》,博士学位论文,苏州大学,2006年。

位的深层次的,不仅在中央层面,而且在地方层面构建实践探索。譬如21世纪之初,上海、成都、重庆等地就开始服务型政府建设的实践,走在了全国的前列。服务型政府从孕育诞生到成为全国共识经历了一个发展过程:2004年首次在国家维度被提出;2005年经全国人大上升为国家意志,得到了全国人民的一致认同。目前,服务型政府建设承载着实现政府职能现代转向和推动行政体制创新发展的重任,是国家治理现代化征途中至关重要的一个节点。构建"服务型政府"是实现政府治理现代化的必然要求和基本内容,是与现代社会高度融合与完美契合的政府治理模式,"是在公民本位、社会本位理念指导下,在整个社会民主秩序的框架下,通过法定程序,按照公民意志组建起来的以为公民服务为宗旨并承担着服务责任的政府。它的基本构成要件包括:行政理念:'公民本位''社会本位';角色定位:'服务者';职能转换:有限政府;制度安排:民主政府;制约机制:责任政府;服务程序:透明政府;行为准则:法治政府;结果取向:高效政府"①。

二、政府职能结构逐步合理和运行机制日趋科学

政府机构臃肿、层次重叠、职责模糊、人员多杂、管理不堪、效率不高,政府工作人员能力低、不敬业、工作缺少干劲和效率,是传统全能型政府的共同问题。之所以会存在如此多的问题,是因为其机构设置不科学、职员素质低下、职责规范欠缺、工作程序实效性不强等,源头在于政府职能结构不合理、运行机制不科学。改革开放以来,历经八次大规模政府机构调整,我国政府体系建设成绩喜人。具体体现在以下三个方面:

---

① 刘熙瑞:《服务型政府:经济全球化背景下中国政府改革的目标选择》,《中国行政管理》2002年第7期。

（一）政府职权范围日趋合理

"政府职能结构由外结构和内结构组成，其中政府职能的外结构是指政府职能的总体配置，表明政府管理与外部环境之间的关系，主要由政府的政治职能、经济职能、社会职能、文化职能等构成；政府职能的内结构是政府的总体职能在政府系统内部分解的结果，表明的是政府权力在政府系统内部的配置情况。"①政府职能是政府依据社会发展的客观现实和人民的利益诉求而肩负的职责，所以政府职能的外结构并非一成不变，而是会与时俱进，伴随经济、政治、社会、生态等的发展而不断革新，依照不同的时代要求进行创新。在新中国成立之初，因为处在社会主义过渡时期，国内外敌对势力虎视眈眈，不断挑衅和破坏，所以政府只能以政治职能为主导。在过渡时期结束、社会主义制度建立之后，由于阶级的灭除，政府的政治职能仅仅用来防范应对与社会主义为敌的势力。虽然在改革开放之前，计划管理体制下的政府政治职能最为突出，但政府的经济、社会职能也得到了不同程度的发展。党的十一届三中全会之后，尤其是进入 21 世纪以来，经济建设和发展生产力成为我国社会的中心，与此相适应，政府的基本职能也随之转变到"经济调节、市场监管、社会管理、公共服务"②的轨道上来，主动放弃了行政干预手段而主张政府要用经济、法律等间接性方式调节市场，并通过简政放权，尽可能地将行政干预对市场的影响降至最低，从而充分发挥市场在资源配置中的作用。这种转变使市场经济的资源配置作用得到了极大凸显，也将政府的注意力更多地转移到了民生领域，为现代化的政府体系的构建和完善铺平了道路。

---

① 张永桃：《行政管理学》，高等教育出版社 2003 年版，第 60 页。
② 《第十一届全国人民代表大会第一次会议关于国务院机构改革方案的决定》，《人民日报》2008 年 3 月 16 日。

（二）逐步规范政府间的权力配置

政府职能的外结构是与时俱进的,伴随经济、政治、社会、生态等发展而不断革新,依照不同的时代要求进行创新,政府职能的内结构也是这样发展变化的。政府职能是内外结构的相互依存、相互作用的有机统一。"政府职能的总体配置是政府职能内结构的基础和依据,政府职能内结构是政府职能总体配置的具体体现。政府总体职能在政府系统内部的分解基本上是沿着纵向和横向两个方向进行的,从而政府职能的内结构具体包括政府职能的纵向结构和横向结构。政府职能的横向结构体现了政府职能的部门性,是一级政府按照行政目标、工作性质以及权责区分等,划分成若干平行的职能部门,共同实现本级政府的职能。政府职能的纵向结构体现了政府职能的层次性,表现为一种层级化的政府职能结构形态。具体地说,政府职能的纵向结构是政府组织内部上下级政府之间、上下级政府职能部门之间所确立的一种职权关系模式。"[1]在新中国成立初期,由于社会主义制度刚建立,没有现成的经验让我们去借鉴,社会主义还在探索阶段,政府职能内结构设置不尽合理,产生了一些问题:一是政府层级太多,造成协调艰难,组织成员创造力不足;二是职能交叉,机构臃肿,各行其是,致使某些部门存在官僚主义,效率低下;三是政府运行开放程度不足,制约监督工作的顺利开展;四是层级控制,致使政府组织弹性有限,缺少开拓创新精神,激发地方活力方面有所不足。改革开放以来经过几次政府职能转变,政府职能内结构设置基本趋于合理。从政府职能的转移进程来审视,政府职能内结构的优化和发展主要通过机构改革和调整来达到,与之同步进行的是政府权力和利益结构的优化调整。在我国改革开放之初,其基本是通过中央向地方政府简政放权实行的,目的很明

---

[1] 孙亚忠:《论我国政府职能界阈和结构的调整及优化》,《南京社会科学》2007年第7期。

确也很直接,就是调动地方的积极性,缩减中央的职权,把具体的执行性事务交由地方政府来执行。20世纪后十年,伴随市场经济发展方向的确定,政府职能被定位在促进市场经济发展上面,其职能要因经济而变,因此政企分开、向市场放权就成了这一时期职能转变的主旋律。进入21世纪以后,按照加快行政管理体制改革,建设服务型政府的要求,政府对一些职能相近的部门进行整合,实行综合设置,理顺部门职责关系,"深化行政审批制度改革,减少微观事务管理,该取消的取消、该下放的下放、该整合的整合,以充分发挥市场在资源配置中的基础性作用、更好发挥社会力量在管理社会事务中的作用、充分发挥中央和地方两个积极性"①,改善和加强了宏观管理,完善了制度机制。通过职能转变,权域清楚、分工明确、权责对等、运转流畅、法治效能的政府机构体系正在渐渐建立,在一定程度与范围内做到了政府的尽职尽责和廉洁高效,大大提升了政府管理水平和执政能力,促进了经济社会的持续健康和谐发展。

(三)政府职能的回应性显著增强

"政府管理是一种集价值、知识、智慧和技艺于一体的工作,既需要科学合理的制度、程序和设计,又需要特定的人力资源和物质资源的投入;公共行政的运行成本来自公共财政,即用纳税人的钱为公民和社会服务,对绩效的追求自然应该成为现代政府的题中之义。"②现实存在的每一个运行着的政府,它们不但是体制体系的集合体,也是过程的集合体。一个拥有较高合法性基础的政府必定是一个有作为的政府,亦是一个有效的政府。政府运行最核心的要素在于其较强的执行力和及时有效的回应性,建立以有效性为主导的政府模式,即政府必须对公众合理的社会需求

---

① 《国务院机构改革和职能转变方案》,《人民日报》2013年3月15日。
② 桑玉成:《建设一个高效能的服务型政府》,《文汇报》2008年3月17日。

做出快速回应，并确保相关措施得到强有力执行，使政府的职能在满足人民各种利益和促进社会发展方面更好地发挥作用。过去因为传统行政管理模式的局限性，存在政府职能转变滞后、政府组织结构不合理、政府管理体制不健全等问题，"上有政策、下有对策，有令不行、有禁不止现象屡见不鲜，形式主义、文山会海现象严重"[1]，反映出政府责任感与回应意识有待提升的问题，对民众的需求没有做出有效回应。近年来随着建设服务型政府目标的提出和政府执政为民意识的增强，政府职能的回应性得到逐步提升，主要表现在：一是政府逐步树立了回应理念。改革开放以来，我国历经几次大范围、高强度的政府机构现代化改革，政府的行政方式得到了极大改进，行政环境得到了有效改善，行政能力得到了显著的提升，特别重要的是，政府的管理理念得到了发展和革新，具有现代特质的服务理念开始树立。尤其是在党的十八届三中全会提出"国家治理体系和治理能力现代化"之后，政府服务理念的提升速度表现得尤为明显。另外，我国公务员制度的建立与逐步完善和社会主义核心价值观的提出，也促使公务员队伍素质有了明显的提升，公务员的为民服务意识、敬业爱岗意识、乐于奉献精神都得到了加强。二是政府的回应效率有了明显提升。改革开放以来，在服务型政府的引领下，在市场经济的推动下，我国政府特别注重职能的发展和效率的提升，尤其是以习近平同志为核心的党中央主政以来，明确提出"提高政府工作效率和公共服务水平，为公众参与经济社会活动创造条件"，各级政府都大力实施多种举措，提升政府效率。譬如一些地方采取的"一站式办公""一条龙服务"的措施，就取得了很好的效果，赢得了群众的广泛赞誉，以前需要很长时间才能办完的事情，如今一天甚至一会儿就能搞定，这种惠民举措很好地体现了政府的职能和

---

[1] 张贤明：《论政治责任——民主理论的一个视角》，吉林大学出版社2000年版，第22页。

价值。这些措施尽管是政府为了提升工作效率而实行的,但恰好成为我国政府回应性增强的一种最好佐证。三是政府回应性制度建设效果显著。进入21世纪,我国政府开始积极探索回应性方面的有效制度,收获甚丰。譬如听证制度、责任追究制度和引咎辞职制度等回应制度相继在实践中的运用初见成效,推动了我国政府回应逐渐走向规范化和制度化,标志着我国回应建设迈上新台阶。四是现代政府回应工具发展初具规模。各种民主恳谈会、决策听证会、民主评议会、新闻媒体、电子政府、市长热线现已成为民众表达诉求的有效工具,政府决策与公民意愿的关联度越来越强,推动了政府决策科学性与针对性的发展。

三、政府职能关系逐步规范化

"政府职能关系是指不同的职能行使和管理主体之间职能权限的制度性划分及其调整。政府与外部社会的关系是政府职能关系的基本内容。"[1]新中国成立初期,我国基于快速恢复国民经济和社会发展的时代需要,以苏联为模板,经济上以计划经济为主导,政治上采取全能型管理方式,通过政治整合构建覆盖社会方方面面的管理体系,在这一时期的治理模式下,社会与国家的关系呈现出一体化的格局:"在经济生活方面,计划主导资源配置;在政治文化生活方面,社会高度政治化,政府动员能力强;在组织生活方面,政府通过单位对社会实行纵向控制,社会成员高度依赖所在单位;在公民权利方面,身份制限制严格,社会流动困难。"[2]改革开放以后,伴随中国市场经济体制的确立和服务型政府建设目标的提

---

[1] 高祥荣:《"撤县(市)设区"与政府职能关系的协调》,《甘肃行政学院学报》2015年第3期。
[2] 卜广庆:《政府与社会关系视角下的政府职能转变分析》,硕士学位论文,南京师范大学,2004年。

出,加之改革开放的深度推进,政府与社会的关系发生了翻天覆地的变化,政府与社会的关系架构逐步突破了"全能政府"与"低能社会"的窠臼,政府开始通过压缩权力范围向社会放权,社会有了更多的独立性与自主性,政府职能关系也变得日益科学、规范和合理。主要表现在:"在经济生活方面,经济体制改革的不断深化,非公有制力量的崛起,打破了政府对经济的集权,政府开始向市场放权;在政治文化生活方面,个人权利意识觉醒,政治民主化力量大大增强;在组织生活方面,民间社团大量涌现,独立性增强,城乡社会基层组织自治能力提高;在公民权利方面,户籍制度的不断改革,打破了身份制的限制,社会结构呈现多元化趋势。"①一言以蔽之,改革开放之后,多元合作治理的新格局正在逐步形成。

第二节 我国政府职能转变的困境分析

中国改革开放能够取得如此大的成绩,离不开政府职能做出的巨大贡献。市场经济体制的提出与推进、公民社会团体的发展壮大,为政府职能转变提供了契机。在政府职能转变进程中,我国实现了从计划经济时期全能型政府到现代服务型政府模式的巨大跨越,可是,面对社会快速发展中所出现的利益多元交织的现象及转型期出现的各种矛盾危机,政府职能体系仍需通过深化改革,实现系统性转变,以适应经济社会发展的要求。

一、国家建设与治理效能的转化瓶颈

从国家建设视角切入,能更深入地了解中国式政府职能转变所面

---

① 吕月静:《社会管理创新的本质在于重构政府与社会的关系》,《辽宁行政学院学报》2012年第3期。

临的结构性制约。根据西达·斯考切波等人的分类,"国家建设(State Building)包括国家自主性和国家能力建设,具体是指国家通过一系列制度建设、体制改革、机构重塑等安排向社会渗透,用国家使用的规则取代人们自己社会行为的倾向或者别的社会组织规定"[1]。"国家建设的核心是国家制度建设。这些制度包括:国家对暴力工具的合法垄断;理性的法律,即强调程序;政治与行政的分工,官员制度的科层化;持续不断且有始有终的经济政策;依靠相信合法的章程和通过合理制订的规则的统治,进而实现国家与市场社会、国家内部结构、国家行为方式及信仰体系的合理性。"[2]国家建设会逐步生成一些现代性国家发展的基本要素。在拥有了这些基本要素之后,国家的发展就会步入一种理性、科学、良性互动发展的轨道,有效的政府、成熟的市场、自主的社会将彼此融合、协调合作,共同推动社会高速运转,为人民提供更好的服务。在这个目标指引下,新中国自成立就确立了以政党建设和国家建设为内容的发展路径,从而为实现这样美好的国家而奋斗。政党建设与国家建设联系紧密,在少数情况下,二者可能会出现步调不一致,但为了维护全国的统一性和发展的整体性,国家建设会与政党建设保持契合,这充分体现了国家建设的中国特色。在现实发展中,这种契合并非意味着舍弃了国家建设目标,而是在改革中将局部策略调整与顶层设计相结合,逐步实现国家建设目标,即"替代式改革"。"替代式改革"可以做如下理解:第一,主要是操作层面的调整,国家的大政方针并没有发生改变;第二,目标的阶段性调整,国家总的建设目标没变,只不过是用部分目标推进整体目标;第三,较多地体现为改革难度的减小,实现了低成本、高效益。

---

[1] Peter B. Evans, Dietrich Rueschemeyer & Thoda Skocpol, *Bringing the State Back In*, Cambridge: Cambridge University Press, 1985, pp.11-18.
[2] [德]马克斯·韦伯:《经济与社会》(下卷),林荣远译,商务印书馆 2004 年版,第 730—812 页。

国家建设的根本就是大力推进制度建设,以此认识为基础,笔者认为中国国家建设目标在实现过程中,由于客观和现实的多重因素,出现了"三重替代"现象,具体表现为三个方面的特征:一是用体制改革衔接国家制度建设。在新中国成立甚至以后的发展过程中,中国的决策者始终面临着完善国家制度建设和维护政治稳定的双重挑战。新中国在成立后的一段时期内对国家建设特别重视,而且获得的成绩也比较大。在党的十二大以后,在"基本政治制度是好的""注重制度稳定""在确保基本制度稳定的情况下进行体制改革"的政治话语系统下,制度建设逐渐与体制改革相结合,成为国家建设的路径选择。二是用行政体制改革衔接政治体制改革。体制改革一般被认为包括经济和政治两个方面的变革,并且党的十二大也有"政治体制"的提法。邓小平认为:"我们所有的改革最终能不能成功,还是决定于政治体制的改革,并且党政分开、权力下放和精简机构是其三大内容。"[1]在这之后的很长一段时期内,中央对政治体制改革都特别重视,将其放在一个极其重要的地位。但国家逐步提升了经济建设的地位,在"发展才是硬道理"和"经济工作是最大的政治,经济问题是压倒一切的政治问题"成为共识以后,行政体制改革开始成为主流话语。政府体制科学合理、缩减政府微观经济事务权力变为行政体制改革的努力方向。三是用政府职能转变衔接行政体制改革。2008年政府工作报告提出:"行政管理体制改革是深化改革的重要环节,是政治体制改革的重要内容,也是完善社会主义市场经济体制的必然要求。要切实加快转变政府职能、深化政府机构改革、完善行政监督制度和加强廉政建设。"[2]如果这个方案得到彻底和有效的执行,行政体制改革将会取得辉

---

[1] 中共中央文献编辑委员会编:《邓小平文选》(第三卷),人民出版社1993年版,第139页。
[2] 《温家宝在十一届全国人大一次会议上的政府工作报告》,《人民日报》2008年3月6日。

煌的成绩,获得大踏步的发展,政府内部的权力设置会得到优化,政府、市场与社会之间的关系会被理顺;特别是职能转变、行政监督制度以及廉政建设的进行,将完善利益分配格局,促进社会公平正义。

我国的政府职能转变在某种程度上是"三重替代"的产物,它不但肩负着政府改革使命,而且肩负着国家建设使命;它不但面临着解决政府改革的困难,而且面临着解决国家建设的困难;其瓶颈,不但是政府改革的瓶颈,而且是国家建设的瓶颈。我国在国家建设的持续推进中,呈现出了若干值得关注的结构性张力,"三重替代"的某部分阶段性特点,在一定范围内影响了中国政府职能转变的路途并带来了相应挑战。第一,目标导向和治理效能的关系问题。一些情况下,关键性的国家制度建设没有同步推进,单纯快速的职能转变,其重心不能落实在"结构变革"上,而仅仅是着眼于一定时期内的"任务完成",使得职能转变的整体性不强。"缺乏内在结构支持、集中于形式调整的机构改革陷入低效重复之中,不仅没有很好地消弭中国改革过程中国家治理、市场经济、社会发展三者之间的'结构堕距',其本身还造成了新的问题。机构改革在'精简'上达成的改革成果也往往由于总体功能和结构的不合理而被减弱。"[1]第二,量化指标与质效创新的平衡问题。因为重视任务的实现,职能转变往往规定了时间限制,这造成职能转变的完成较多依赖的是量化工具,而忽视了对组织职能和关系的定性创新和变革,有待进一步把握任务导向和系统集成的辩证关系,使政府较好地以国家体系中的一员去履行自己的职责的同时,按预期推进职能转变。第三,战略规划与社会需求的衔接问题。在某些情况下,国家建设目标的阶段性调整可能无法完全匹配社会之需。如此一来,既导致了资源的浪费,也造成了政府的内部耗损。

---

[1] 何艳玲、李丹:《机构改革的限度及原因分析》,《政治学研究》2014年第3期。

二、政府职能边界的动态调整权衡能力有待加强

从社会演变的节律看,政府职能是伴随市场、社会的变化不断与时俱进、持续创新发展的。换言之,没有永恒不变的处理政府、市场、社会三者关系的灵丹妙方,只存在与本国客观现实、具体国情最契合的政府、市场、社会应对性权力设置。恰当合理地处理好政府与市场、社会以及中央与地方之间的关系,是转变政府职能的基本内容,也是最关键的问题,它决定着转变的成效。政府职能转变关键在于"转变"二字,不但要转,而且要变,那么转什么、变什么呢?"转就是将行政审批权和其他管理服务权限从原执政府手中转出去,变就是转出来的各种权责要在应执政府、企业、社会组织中得到合理配置,同时,重构的权责要按照权执者所遵循的特定规律运行,实现转与变的统一。"[1]然而,在推进改革的实践中,政府在履行职能的时候,出于事务和属性的全面考虑,在处理央地关系、社会事务和市场事项方面,其动态调整权衡能力有待在改革深化中持续提升。

(一) 中央政府与地方政府的关系

民主集中制是我国国家行政系统的权力构建原则。从中央与地方的关系来看,既要维护中央政府的集中统一领导,又要确保地方政府有适当的独立性和自主权,从而使两者各自权力范围得到明确,积极性得到保证。改革开放至今,我国为了优化市场发展所需要的环境,进行了多次以"简政放权"为内容的政府改革,探索出了许多能够最大限度凸显央地政府各自积极性的机制,政治集权与适度经济分权相结合的行政管理体制

---

[1] 石亚军:《转变政府职能须防止因形式主义和官僚主义转而不变》,《中国行政管理》2013年第12期。

逐步生成。在政府管理的层次上,改革的基本趋势是放权,这也是我国政府一贯坚持的,中央循序渐进地向地方下放财权和经济管理权,尤其是分税制的施行,使地方政府的积极性得到了极大调动,也减轻了中央政府的负担,令其有更多的时间和精力进行社会公共事务的管理和社会监管。

改革尽管取得了显著进步,但部分问题依然值得关注,主要表现在:第一,央地政府之间的权责厘定制度支撑不足。中国行政体制实行的是垂直归口管理,各级政府结构相似。一方面,央地权限界分存在某些模糊地带,部分事务的管理主体并未明确,在实际执行中,存在彼此推诿责任的现象,造成职能"错位";另一方面,权力调整法治化程度有待加强,中央对地方的权力收放多以政策性文件为据,使某些地方政府更多关注眼前利益而较少考虑长远利益。第二,中国的"统一领导、分级管理"体制,使各级政府在其所管辖"块"内承担综合管理职能,同时各部门又是垂直职能链"条"中的一环,形成了"条块"结合的治理特色。这种"条块"体制能够有效使中央的精神通畅地到达地方,有极大的优越性,但也存在"条块"掣肘问题,个别地区的地方和部门保护行为会影响政府的行政效率。第三,监督制约机制有待提升。监督方式需创新、监督机构权威性需强化;某些地方政府存在重对上负责、轻对下回应的倾向;中央通过行政管理尤其是人事制度来实现对地方的监督,可是伴随大量权力下放,这种监督能发挥作用的范围将变得有限。虽然我国的监督形式很多,有政党、人大和公众等多维监督,但中央对地方的监督仍为核心机制,因此需正确处理中央与地方的权力关系。

(二)政府与社会的关系

此处的社会是指"狭义的社会,是指把经济、政治、思想文化撇开之后的社会其他方面的内容,并与经济、政治、文化并列,特指社会关系、社会状态等方面的内容"①。改革开放前在以阶级斗争为纲的社会环境中,我国政府通过计划方式进行管理,这是为了使国家政治经济快速地走上正规轨道、防范外敌入侵、巩固新生的国家政权的必要之举。在当时社会资源匮乏、社会本身调节资源分配机制还未形成的情况下,"中央政府集中掌握配置资源的最高权力,按照生产部门对国民经济实行专业化的全面直接管理,国家在财政上实行统收统支,在产品和物资分配上实行统购包销、集中调拨,对企业生产经营进行直接干预,在整个国民经济运行中实行指令性计划,对收入分配和社会福利实行政府统一调配"②。这一阶段政府与社会高度协同,政府全面承担社会发展职责,社会的组织、运行高度依赖政府。在政府与社会的关系中,政府是全能型选手,主导社会建设的各项事务。在这种特定时代背景下,政府对社会生活进行全面计划管理,符合当时的现实需要,但随时代发展也显示出一些问题,如政府机构庞大冗杂导致效率低下,公民社会发育缓慢,社会自治能力欠缺,整个社会的公共责任机制也不健全。改革开放以来,我国先后进行了多轮以政府职能转变为内容的行政体制改革,政府与社会的关系得到了优化和发展,为我国经济社会的跨越式发展创造了有利的条件。

取得历史性成就的同时,政府仍面临现实挑战:第一,存在传统管理模式的路径依赖,部分领域有行政主导思维。部分群众在遇到问题、麻烦和违法行为时,习惯性依赖于政府和党的领导,对法治化利益诉求解决渠道的认知尚需提升。第二,社会组织发展不够成熟。社会组织的发展空间有限,与政府的有效互动仍需完善。第三,公民素养的培养有待加强。公民素养是现代化的国家治理的基本要素,能否调动公民政治参与积极性是现代化的国家治理能否实现的标志,但因为主客观条件的制约,我国

---

① 童星:《"社会管理"与"社会管理学"》,《新华日报》2011年4月13日。
② 彭忠益:《公共组织视角下政府领导力研究》,博士学位论文,中南大学,2008年。

在公民素养培养方面存在着不足。第四,社会管理制度化建设还需深化,社会参与往往在节日和活动的时候表现比较突出,在平时表现则较为不足,制度化水平有待提高。①

(三) 政府与市场的关系

改革开放以前,出于历史原因及国内国际社会政治的影响,我国实行的是高度集中的计划经济体制,政府在国家经济社会活动中处于主导地位。社会公共物品从生产、分配到交换和消费都是在政府的统一领导下按计划运行和配置,社会的功能和市场的作用大部分被政府所履行。这种在政府的统一领导下按计划进行的经济体制,能够帮助我国在资金短缺、物质基础匮乏的时代境遇下集中力量解决民生和社会重大问题,为新生国家的发展做出了巨大贡献。但这也带来了工人、农民缺乏劳动积极性,三次产业结构比例失调的问题,不利于社会主义制度优越性的充分发挥,一定程度上制约了整体资源的配置效率。改革开放之后,在国内外形势的推动下,我国政府开始向市场放权,逐步退出市场的执行性事务,市场在社会中的作用得到加强和凸显,政府与市场的职权范围也不断理顺和优化,并在实践中渐渐完善。

目标的实现并非一蹴而就,而需久久为功,当前的中国尚处于转型发展期,政府与市场关系的动态调整仍需持续完善,政府对个别经济领域的管理存在"越位""缺位""错位"现象,政府职能边界有待进一步优化。从资源配置角度来看,现阶段激发市场活力与规范政府行为之间存在一定短板,还需更好统筹有效市场与有为政府的关系。其一,简政放权方面,部分部门仍采用传统行政方法处理经济事务,不该管的管了,而应该交由

---

① 孟祥意:《我国政府社会管理职能改革与机构调整》,硕士学位论文,首都经济贸易大学,2014年。

市场处理的事情,却没有做到放权或进行职能转变,过度干预经济、市场。相反,本该由政府履行的职责,政府却没有尽到责任。其二,政策执行方面,某些部门对于执行性经济事务的干涉过多,破坏了市场本身固有的节律。某些经济决策没有充分进行市场调研而造成重复建设,或是导致不良投资,妨碍经济效率,更加公平透明的市场竞争环境亟待构建。其三,政府供给方面,某些部门因为高度重视经济职能而放松了对其他职能的履行,一些公共服务和公共产品没有得到及时有效的实行,强化经济治理的同时,民生保障与社会治理有待协同提升。

三、政府职能转变的治理理念与治理方法、治理工具不匹配

先进的治理理念、科学的治理方法和适宜的治理工具是政府有效治理的前提。在改革开放前的特定历史阶段,我国的治理理念侧重于管控,治理方法依赖行政指令,治理工具是直接性的,形成了全能型政府治理模式。改革开放后随着经济社会的发展,中国的治理理念开始从管控型转向服务型,治理方法开始从指令型转向法治型,治理工具开始从直接性转向间接性,政府治理的能力和效率得到了极大的提升。但还存在需进一步解决的问题:第一,服务型政府建设面临观念转型困难,某些行政人员对服务型政府思想认识不到位,缺乏服务意识和观念。"服务型政府本质上是现代社会的一种政府形态或模式,它与农业社会的'统治型政府'和工业社会的'管制型政府'相比,最根本的区别在于其在治理理念上更强调以人为本、以公众需求为导向的服务模式。"[①]可是在现实实践中,伴随对外开放的深入推进和市场经济的快速发展,个别部门出现权力异化现

---

① 薛澜、李宇环:《走向国家治理现代化的政府职能转变:系统思维与改革取向》,《政治学研究》2014年第5期。

象：某些政府公职人员未树立正确权力观，忘记了自己肩负的职责，把人民赋予的权力当成了谋取一己之私利的工具，对人民的诉求置若罔闻，服务意识淡薄；虽然许多城市已设置了"政务大厅"，一些日常性事务能够得到快速的处理，可是部分"一站式"服务流于形式化运作，不能解决实质性的问题，相反却平添了行政成本，导致了资金的浪费；尽管很多政府部门都大力支持国家建设服务型政府的举措，并将为人民服务作为自己的工作和行为准则，可是在具体的工作实践中，个别政府部门和工作人员在其日常工作中的官僚主义惯性仍未根除。追本溯源，就在于传统行政文化中的官本位思维，以及现代政府治理服务、职责功能的适配性还有提升空间。第二，法治建设面临传统观念和制度效能的多重挑战。法治是现代社会治理国家所普遍追求的治国目标，改革开放以来我国提出了依法治国、依法行政，但"当代中国的法治建设从观念到制度、从体制到体系、从形式到内容、从理论到实践，都有许多需要不断改进和完善的地方。公民没有根深蒂固的法治观念，缺乏法律至上的法治精神。法律结构不够科学，法律体系尚不完善，法律规定交叉重复，法律文件互相矛盾、互相冲突的情况存在，影响了法律整体实效的实现"[①]。第三，政府治理工具转型存在路径依赖。政府作为社会有机体的一部分，是承担着一定职能的国家机构，对社会经济发展有着极其重要的作用。改革开放前在全能型社会政治形态中，政府在当时历史条件下，全面承担社会组织的功能，在政治、经济、社会、文化等诸多领域进行行政指导。改革开放之后中国政府开始变革管理范围，从行政主导的传统治理模式中走出来，提倡政府履行经济调节、市场监管、社会管理和公共服务等间接管理职能。政府管理目标是通过构建政府与社会的协作平台，来实现对社会事务的共同治理。

---

① 吴忠海、吴赫笛：《当代中国和谐法治建设的困境与出路——兼论公民意识与法治理念的培养》，《求实》2008年第4期。

可是在社会转型期,强制性的直接管理在特定领域仍有其制度惯性,具体表现在:"自上而下的控制式管理方式造成政府意图和社会意愿、政府权力和社会权利、政府管理方式和社会选择方式之间的冲撞,对社会权利的增长造成了障碍;指令性、强制性的单一性行政化管理方式造成社会主体之间纵横利益连结颠倒、公私利益对立、政府滥用行政权力,阻碍了立体的、纵横交错的新型社会利益格局的形成;以传统'单位化'体制为基础的封闭性的'条块'式社会管理模式,使政府'自闭'于社会力量的发育,难以吸纳社会协同力量,加之'条'与'块'、'条'与'条'、'块'与'块'之间相互封闭,各自为政,对开放、流动、多变的社会造成了障碍。"[①]

[①] 顾建键等:《政府社会管理方式创新的对策研究》,《科学发展》2011 年第 2 期。

第五章 国家治理现代化视域下我国政府职能转变的路径构建

- 第一节 深化国家制度建设
- 第二节 动态调整政府职能边界
- 第三节 精准把握治理理念与科学应用治理方法

第五章 国家治理现代化视域下我国政府职能转变的路径构建

国家治理作为一种多元合作的整体性治理,由政治、经济、社会、文化、生态等诸多子系统构成,在其中政府发挥着领导协调作用,各子系统间和谐均衡发展也需要政府职能的有效履行,所以,"政府治理是国家治理的主要内容,是整个国家治理体系的核心和关键。没有政府治理的现代化与政府治理能力的提升,国家治理现代化也就失去了发展的基础,而政府治理现代化要求必须首先科学厘定与明确划分政府职能,在职能界定清楚的基础上进行行政体制改革"[1]。伴随市场经济的构建和公民社会逐步形成,政府的职能重心开始渐渐向基层政府倾斜,将其注意力较多放到经济与社会事务的治理上。因而,在国家治理现代化视域下,政府治理现代化表现为推动其经济职能与社会职能的转变,经济职能转变就是让市场在资源配置中起决定性作用,社会职能转变就是构建符合时代要求的社会治理体系,推进多元共治,尽可能满足人民群众的多种需求,推动社会持续健康有序发展。在全面建设社会主义现代化国家新征程中,政府职能转变要立足于实现国家治理现代化的整体要求,坚持整体建构原则,动态调整政府职能边界,明确治理理念、治理工具和治理方法,从而保证三者在改革过程中有机统一,实现善治。

第一节 深化国家制度建设

世界现代化发展的广泛实践经验证明,推进国家治理现代化,国家制度建设至关重要。"制度质量是衡量和决定国家治理现代性的关键变量,

---

[1] 何增科:《政府治理现代化与政府治理改革》,《行政科学论坛》2014年第2期。

优良的现代国家制度体系是现代国家治理体系的基本构成要素,有序推进现代国家制度建设是国家治理体系与治理能力现代化的基本路径。"①在国家未来的发展方向上,我国始终立场坚定、思路明晰,致力于建设富强、民主、文明、和谐、美丽的社会主义现代化强国,但在具体实践中,因资源和环境的复杂影响,可能会出现一些需要优化调整之处,这并非刻意为之,而是在实践中不断探索、完善的直接体现。在全面深化改革的背景下,职能转变必须坚持系统观念,以科学规划和顶层设计为引领,确保改革的科学性、系统性与可持续性,避免被束缚在被动跟进、量化偏好等条条框框内。

一、国家制度建设的理论分析

"一个国家的强盛犹如一个组织的发展,取决于三个要素——制度、决策和执行——的协调运转,因为它们共同决定了一个国家或一个组织的行动绩效。制度规定了一个国家或组织的总体目标和行为规则与规范;决策决定了一个国家或组织的行动方向和行动方式;而执行涉及一个国家或组织的集体行动能力。在这三者的关系中,制度是一种公共秩序的基础性要素。"②现代政治学研究者普遍认为"善治需要优良的制度作保障"。那么,国家制度建设到底是什么呢?

就笔者了解的情况来说,目前学者对国家制度建设做出的定义还不多。胡鞍钢等人认为:"作为基本国家制度建设至少应包括两大方面:一是社会主义市场经济制度建设,即社会主义市场经济制度;一是社会主义

---

① 李放:《现代国家制度建设:中国国家治理能力现代化的战略选择》,《新疆师范大学学报》2014年第3期。
② 燕继荣:《现代国家治理与制度建设》,《中国行政管理》2014年第5期。

政治制度建设,即社会主义政治民主制度。"①从论述可以发现胡教授认为国家制度建设和国家基本制度建设不同,他指出:"21世纪中国国家制度现代化的实现,本身是一个制度转型与制度创新的过程。它至少包括两个方面的内容:一是如何建立社会主义民主制度,这是一个制度民主化的过程;二是如何建立与社会主义市场经济制度相适应、与参与经济全球化互补的国家基本制度与功能,其目的是从制度上保证人民民主与国家制度建设的基本构想。这包括实行制度建设的五大目标,建立制度建设的八个机制和开展制度变革的四大政治改革。"②从这段论述中我们能够发现胡教授在介绍现代国家制度的内容,并将其分为民主制度和基本制度两部分。另外,他认为国家基本制度是"旨在保证实现'良治'的制度条件、制度环境和制度功能;良治的最终目标旨在实现国家利益最大化和全社会人民福利最大化,真正保证代表和实现最广大人民的根本利益"③。何艳玲等学者也对国家制度建设进行了研究,认为:"国家制度建设包括:国家对暴力工具的合法垄断;理性的法律,即强调程序;政治与行政的分工,官员制度的科层化;持续不断且有始有终的经济政策;依靠相信合法的章程和通过合理制定的规则的统治,进而实现国家与市场社会、国家内部结构、国家行为方式及信仰体系的合理性。"④霍春龙也在辨别国家制度建设和国家构建的基础上提出"国家制度建设就是制度参与人不断完善或开发国家制度以形成公正、和谐之民主制度的过程"⑤。

笔者认为,要准确定义国家制度建设,一定要先知道国家制度是什

---

① 胡鞍钢、王绍光、周建明:《第二次转型国家制度建设》,清华大学出版社2003年版,第6页。
② 同上书,第9页。
③ 同上书,第9—10页。
④ 何艳玲、李丹:《机构改革的限度及原因分析》,《政治学研究》2014年第3期。
⑤ 霍春龙:《国家制度建设的涵义探析》,《前沿》2008年第1期。

么。《中外政治制度大辞典》将其界定为:"一个国家用宪法和法律所确认和规定的国家性质(国体)和国家形式(政体)两方面制度的总和。"[①]本质上就是规定在一个国家中权力掌握在哪个阶级手中以及以何种形式维护其利益的制度;政治学教科书将国家制度定义为:"由宪法和法律所确认和规定的关于国家本质和形式的制度的总和,它包括国体和政体两个方面。有时候国家制度仅指国体,即从阶级本质的角度来概括国家制度,强调国家制度的阶级本质。"[②]以上对国家制度的界定大多采用静态的、阶级的分析法,这种界定方法存在一定缺陷,因为过分重视国家制度的阶级本质不仅无益于现代化建设,还易导致对其片面理解。同时静态的分析方式也不适应现代社会与时俱进的情势需要,因此,对国家制度的界定不能仅局限在静态的、阶级的角度,而应将其转变为具体的运行准则。这要求我们从微观层面认识国家制度。具体到中国,认识国家制度应该从改革开放的现实出发,密切联系经济体制、社会结构、利益格局、思想观念方面发生的巨大变革。吴稼祥认为:"根据马克思主义经典作家的思想,当国家对无产阶级内部的民主职能萎缩时,专政就变成了单纯的专政,而不是阶级专政;就不再是无产阶级的专政,而是国家的专政;专政的对象就不仅是以前的资产阶级,也包括无产阶级自身。换句话说,只有当民主在无产阶级内部充分实现时,国家的专政才是实际上的无产阶级专政,否则,名义上的无产阶级专政就是实际上的国家专政,或者说是国家对无产阶级的专政。"[③]沿着他的研究轨迹,我们就可以给中国国家制度下这样一个定义:在实现人民当家作主过程中为全国人民所一致认可并共同遵从的行为准则。弄清楚了国家制度的概念有利于我们更好理解国家制度建设。基于以上的分析我们可以将国家制度建设定义为:主体在一定条

---

① 杨逢春:《中外政治制度大辞典》,人民日报出版社1994年版,第68页。
② 景跃进、张小劲:《政治学原理》,中国人民大学出版社2006年版,第65页。
③ 吴稼祥:《两种民主社会主义》,http://www.chinese-thought.org/zwsx/004078.htm。

件下改革和完善国家制度的过程。它是两个过程的统一——将抽象的国家制度转化为具体的行为准则的过程和根据时代发展需要供给有效国家制度的过程的有机统一。综上,借鉴前人的观点,结合我国治理的现实,我们可以把国家制度建设界定为:国家为了实现长治久安、繁荣发展而寻求合理的制度安排的过程。

二、以国家制度建设助力政府职能转变

"20世纪中国政治的一个特征,就是政党及其领袖的决策对政治发展的影响,在一个更长的时期中,比其他国家更直接、更重大、更显而易见。"[1]"不同于多数现代国家直接以民族作为国家构建的基础,以政党为国家核心是20世纪之初的中国克服组织资源匮乏以建设现代国家的一种必然选择。"[2]就现实来看,中国的一个鲜明特征是借助政党建设来推动和实现国家建设。政党建设与国家建设密切联系,在少数情况下,两者目标会出现步调不一致,"现代国家建设应该是社会主义建设的重要组成部分,是社会主义事业发展的前提与基础,其逻辑起点和行动依据都是现代化"[3]。在实际推进过程中,由于复杂的环境和格局,可能会出现阶段性工作调整,但这并不意味两者目标的冲突。在改革向纵深推进的时候,政府职能转变要避免被局限在被动跟进、量化偏好等条条框框内,必须突破现有的制度限制,以适应国家建设的更高要求。

---

[1] 邹谠:《二十世纪的中国政治:从宏观史与微观行动的角度看》,牛津大学出版社1994年版,第19—21页。
[2] 陈明明:《党治国家的理由、形态与限度——关于中国现代国家建设的一个讨论》,《复旦政治学评论》2009年年刊。
[3] 林尚立:《社会主义与国家建设:基于中国的立场和实践》,《社会科学战线》2009年第6期。

国家制度是一个有机的整体,制度建设亦是一个系统性工程。譬如要修一间房屋,第一步就是打好地基,地基打好后才能修房,房屋修好后才能根据不同的需求进行装修,今天可以用作办公室,明天又可以把它改成会议室。这样看来,国家制度也可被分成基础制度、基本制度和具体制度。基础制度就好比盖房屋时打的地基,讲究基础稳固,经久耐用;基本制度就像毛坯房,注重稳定性;具体制度类似房屋装修,注重美观实用,根据实际需要,可以随时变化。由此可见,这三种制度功能不同:"基础制度强调永远不变;基本制度注重最好长久不变;具体制度要求与时俱进、当变则变。"[1]在一个国家当中,基础制度代表的是国家宪法制度,主要用来保障公民权利和规定政府构建施政原则。从根本上说,真正恒久不变的制度必须反映和代表民意,它所确立的原则能真正体现全体人民的需求,实现公平、民主、自由。基本制度比较注重稳固性,但也不禁止各国根据本国历史文化传统进行制度设计。例如,宪法体制规定了代议民主制,它的具体实现形式就是公民选举。但不同的国家会根据自己的具体实际实行不一样的选举制度。拿中国来说,中国基本政治制度包括"人民代表大会制度、中国共产党领导的多党合作和政治协商制度、民族区域自治制度和基层群众自治制度"[2]。具体制度就是以前两个制度为基础,建立的旨在维护和实现经济社会有序健康发展所需的体制,它是两个制度运行的保障,主要包括具体的规章制度。这些制度是我们在现实生活中可切身体会到的,可以应时事之需要随时修改。因此,对于过时的无法适应新形势的规章制度,应予以修正,同时要根据实践要求制定新的规章制度。如应加快出台中国全面深化经济体制改革所需要的产权、金融等制度,而应及时修正不利于经济发展的相关制度。国家制度建设的价值在于通过寻

---

[1] 燕继荣:《现代国家治理与制度建设》,《中国行政管理》2014年第5期。
[2] 习近平:《决胜全面建成小康社会夺取新时代中国特色社会主义伟大胜利——在中国共产党第十九次全国代表大会上的报告》,《人民日报》2017年10月18日。

求合理的制度安排,实现国家长治久安、繁荣发展,避免因为社会发展转型、经济发展"换挡"而陷入混乱。

表1 国家制度体系表

制度结构	制度要求	制度表现
具体制度	适应性	政策和规章
基本制度	稳定性	基本政治制度：政府制度、政党制度、选举制度、国家结构制度等
基础制度	耐久性	宪法体制：规定公民权利及其保障原则、政府组建和施政原则以及宪法至上的保障制度

（制度体系）

"中国具有强有力的政党组织领导和动员系统、高效的政府行政贯彻系统,以及统一的武装力量提供的国际和国内安全保障系统。"[1]邓小平曾经说过:"中国社会主义制度的明显优越性是集中力量办大事。"[2]的确,中国有办大事的魄力也有办大事的能力,更是办成了许多国家没有办成的大事。我国的优势就在于能够集中有限的资源实现社会关键领域的发展,但也存在着一些问题,主要表现在：单项制度之间、各种制度体系之间的关联性、耦合性与协同性不足；既存制度体系面对不断变化的社会经济环境,回应力和调适力有待加强；制度创新过程中,正式制度变革与非正式制度的契合度较低。这些问题的存在和发生使得中国国家制度优势不能得以充分发挥。笔者个人的观点是,立足先进制度,敢于面对现实,勇于制度创新才是解决这一问题的真正有效途径。中国共产党的优秀、伟大、先进正在于此,党的十八届三中全会就旗帜鲜明地提出:"全面深化改革的总目标是完善和发展中国特色社会主义制度,推进国家治理

---

[1] 燕继荣:《现代国家治理与制度建设》,《中国行政管理》2014年第5期。
[2] 中共中央文献研究室编:《邓小平文选》,三联书店(香港)有限公司1996年版,第170页。

体系和治理能力现代化。"①学界普遍认为,这一指导精神体现了:"通过对国家进行现代化的努力,决策者打算增进国家的治理能力而非意在开发一个独立的国家和单独的权威来源。"②这种精神将通过国家治理现代化的建设,真正实现建设现代国家制度的目的。

改革开放四十多年,一直在强调国家治理的特殊性,这种强调是必要的,能够促进发展、减小差距;但是,在目前全面深化改革的时期,在如今有人试图否定改革本身的关口,我们有必要将国家治理从特殊性转为普遍性。从理论与实践的结合上来说,"国家治理的特色,并非指基本要素的特色,而是在实现这些要素的制度建设过程中所体现出来的特色。构建普遍性的过程并不是特殊性丧失的过程,而将普遍性做到极致就是特殊性"③。当前中国通过普遍性而实现国家制度建设主要应该从以下方面入手:

(一) 大力实施"五位一体"的制度建设战略

整体协同推进政治、社会、经济、文化和生态文明五大领域制度的现代化,提升中国特色社会主义制度体系的认同度和整合力。随着市场化改革和社会转型的逐步深入,人们对生活质量的要求和对未来生活的预期与以前相比有了质的提升,不仅追求丰富的物质文化生活,更要求在民主、法治、公平、正义、安全、环境等方面获得保障和改善。为应对这一趋势,中国现代国家制度体系建设亟须在政府的回应性、决策的透明度、利益表达的制度化等方面有所突破。"中国特色的现代国家治理体系就是在党的领导下管理国家的制度体系,包括经济、政治、文化、社会和生态文

---

① 《中共中央关于全面深化改革若干重大问题的决定》,《人民日报》2013 年 11 月 16 日。
② 陈明明:《中国模式建构与政治发展》,上海人民出版社 2012 年版,第 30 页。
③ 何艳玲:《以社会治理体制改革促国家治理体系建设》,《光明日报》2014 年 1 月 20 日。

明等各领域的运行机制、公共政策和法律制度安排,现代化的经济制度、政治制度、文化制度、社会制度和生态文明制度是其关键构成要件。"[1]"五位一体"的制度建设方略就是整体实现经济、社会、政治、文化和生态文明五大领域制度的现代化,使其相互支撑、互惠共生和共同成长,成为支撑中国国家治理体系的坚实制度保障。具体战略举措包括:

1. 改革和完善政治制度

社会主义民主不但要有完备的制度程序,更要有广泛有效的制度参与,这就要求进一步完善中国特色社会主义政治制度体系设计,加快政治制度体系的改革,满足人们的民主诉求与期待。一是增强人民代表大会制度的有效性。人民代表大会制度是人民当家作主的制度保障,要通过进一步完善选举法,推进人大代表选举的规范化和程序化,通过相关制度保障人大代表的权利,并使人民能够通过一定的途径监督人大代表履职尽责的情况,充分发挥人民代表大会制度的作用,增强其有效性。二是健全社会主义协商民主制度。当代中国民主政治的一大特点就是实行选举民主和协商民主的有机结合,它们是人民民主的重要保障和实现方式,特别是协商民主制度,为我国不同层级的协商民主提供了制度化渠道,需要进一步发展和完善。在国家层面,不断推进政协协商、基层协商及政党协商的发展。完善党领导的多党合作和政治协商制度,发挥参政党的作用,扩大民主党派参与协商的内容,创新中国共产党与各民主党派协商民主的形式,积极发展党际之间、各种组织之间的协商民主。同时,还要进一步推进基层社会协商民主制度建设,提高基层组织和群众民主参与的效能,出台强有力的制度性文件和政策,从制度上保障协商民主的广泛性、包容性,实现社会主义协商民主的有效发展。三是继续推进行政体制、司

---

[1] 李放:《现代国家制度建设:中国国家治理能力现代化的战略选择》,《新疆师范大学学报》2014年第3期。

法体制等政治体制的改革。新时期不管是推进何种形式的改革，重点都在于健全权力运行制约监督体系，要依法厘定党政各部门职能边界，包括党政干部的职责权限，特别是要防止行政权力过度干预微观经济，应进一步完善权力清单制度，创新选人用人机制，形成科学规范的权力监督和运行机制。四是深化党的建设制度改革。中国共产党的全面领导，在中国特色社会主义制度建设中具有举足轻重的地位。党的建设制度化水平从一定意义上说直接决定着党治国理政的水平。因此，新时期要不断强化党的制度建设，坚持完善各种体制机制，进一步发展党内民主，规范党内生活，增强党组织功能，为全面落实党要管党、从严治党提供制度保障。

2. 推进经济体制改革

影响和制约科学发展的体制机制障碍不少都集中在经济领域，而经济体制的改革在各项体制改革中又起着牵引作用、带动作用，因此，全面深化改革的关键就是如何实施好、组织好和落实好经济体制改革。目前经济体制改革的当务之急依然是在动态发展中协调好政府与市场的关系。政府与市场的理论关系已厘清，但在制度安排上还需要进一步优化。随着市场经济的发展，政府职能需要进一步优化，以更好发挥市场在资源配置的决定性作用，同时发挥政府作用，实现二者的有效对接、有机结合，推动经济高质量发展。因此，如何将社会主义制度的先进性与发展市场经济结合起来，并让全体大众共享市场经济的发展果实，更好地通过发挥政府作用提升市场经济带来的福祉，仍然是经济体制改革的关键点。推进经济体制改革：一是要进一步明确政府的职责边界，在制度安排上厘清政府与社会、市场之间的关系。比如，制定政府权力清单，这是保障政府用好权力的重要制度安排，今后还要进一步探索政府市场管理、经济治理机制，不断优化政府职能。二是要进一步构建有利于发挥市场作用、释放市场活力的制度。要通过合理的科学的制度设计，进一步激发市场的活力,培育成熟的市场体系,发挥市场在资源配置中的决定性作用。三是日臻完善公有制经济制度体系,要进一步定位国有企业的角色、职能,完善国有资产管理体制、现代企业制度。另外继续加强与之相关的法律规范、配套制度和政策建设。四是进一步完善非公有制经济的制度体系,特别是要从制度上保障非公有制经济的地位,为非公有制经济的发展提供适宜的制度环境,促使非公有制经济健康、和谐、有序、持续发展。

3. 加快文化体制改革

新形势下,要进一步解放思想,突破传统体制的束缚,采取多种举措不遗余力推进文化体制改革。一是积极推进公益性文化体系内部机制转变。通过转变机制,切实提高公益性文化组织为民服务的本领,使其社会效益最大化。对国营文化团体,要将其纳入建立现代企业制度的视域内,以现代产权制度为龙头,以转企改制为抓手,利用好文化体制改革这个重大的战略机遇,发展壮大国有或国有控股文化企业。同时,要按照"百家争鸣,百花齐放"的方针引导和鼓励其他形式的文化企业的发展,全力打造"以公为主、以私为补"的多方合作携手共进的文化产业格局。二是继续推进文化管理体制改革。文化管理中仍存在一些问题,如政企不分、政事不分、政府与中介组织关系不够顺畅等,这一定程度上影响了文化业的发展,因此必须通过转变政府职能,加快文化管理体制的改革,改善文化的体制环境,更好地发挥政府作用和市场主体积极性,竭尽全力建立以市场化、产业化、品牌化为导向的文化运行机制。此外,要抓住"一带一路"倡议的新机遇,加快我国文化交流、文化贸易体制的改革,促进文化的交流和合作,形成促进文化出口的新机制,提升我国文化产业的国际竞争力。三是健全农村现代公共文化服务体系的制度化保障。目前,我国公共文化服务体系基本上做到了城乡全覆盖。今后,还要从体制和机制上进一步保障政府对农村公共文化服务的投入,充分尊重农民的主体地位,坚持政府主导和农民主体相结合的发展方向,要从政策和机制上支持农民自办文化活动,加强对农村文化人才的培养,通过有效的制度保障,推进农村文化事业的发展和繁荣。

4.完善社会治理体制机制

新形势下,应进一步加快社会治理体制机制的改革和创新,以制度为保障,不断完善社会治理,加快社会治理的民主化、法治化步伐。一是不断完善社会公平保障制度。习近平总书记曾强调,必须"加紧建设对保障社会公平正义具有重大作用的制度,逐步建立社会公平保障体系"①。加快涉及民生的社会保障制度的改革,在民众关注的教育、分配、医疗等领域制度上进一步探索和创新。比如,通过调整社会资源配置方式,保障受教育机会、就业机会的平等,通过建设和完善教育制度、就业制度,推动社会的公平正义。二是探索社会治理民主化机制。社会治理是多元参与、共建共治的过程,要在治理机制上进一步理顺政府和社会的关系,激发社会活力,尤其要注重个人、社会组织等在社会治理中的价值,通过政府与社会、社会与个人的良好互动,形成社会协同治理机制。在现代社会治理中,人民的广泛参与是社会治理必不可少的要素,因为"如果人民只一味诺诺连声地服从,人民本身就会由于这一行为而解体,从而丧失其人民的品质"②。在制度实践中,要逐步形成人民群众广泛参与管理各个环节的治理机制,使决策充分考虑人民诉求,执行顾及人民感受,回应有效体现人民利益。"只有公意才能按照国家成立的目的即共同的福祉来指导国家的各种力量。社会应当独一无二地按照这个共同的利益来治理。"③这就要求建立有益于预防社会冲突、化解社会危机的、人民群众参与其中

---

① 习近平:《紧紧围绕坚持和发展中国特色社会主义学习宣传贯彻党的十八大精神》,《人民日报》2012年12月1日。
② [法]卢梭:《社会契约论》,李平沤译,商务印书馆2011年版,第30页。
③ [法]同上书,第29页。

的、反映公意的社会治理模式。确保群众利益有效实现,矛盾及时化解,实现国家治理的程序化、制度化和规范化,调动人民的积极性和创造性,在国家治理中发挥主体作用。三是推进社会治理规范化、法治化。社会治理应有章可循,当前,社会建设领域的法律制度仍很短缺,特别是社会治理相关制度的不足凸显了治理难度,这就要求推进社会建设领域的规范化、法治化,不断加快有关社会治理的立法工作以及规章制度建设,改善社会治理的法治化环境,使政府、社会、个人在社会治理中的地位和作用得到充分保障。

5.健全生态文明制度体系

当前,我国生态文明体制改革的指导思想、理念、原则、目标都已明确,生态文明制度体系的框架日渐清晰,但还不完善。今后,更要注重生态文明体制机制建设,继续建立健全生态文明制度体系。一是加快生态文明体制改革。有效的生态文明体制是推进生态文明建设的制度保障,应进一步加快生态文明体制改革。比如健全地方党委和政府的生态文明领导体制、党政领导干部生态环境保护责任追究制度、生态文明绩效评价考核制度等,通过生态文明体制的改革和创新为生态文明建设注入活力。二是在系统层面构筑生态文明建设统筹和协调机制。生态文明建设涉及经济社会发展的方方面面,又牵扯到诸多部门和单位,因此,在生态文明制度建设上必须全盘考虑、统筹规划,从国家发展的全局出发,从系统层面构筑生态文明建设的统筹和协调机制,创新政府与社会组织在生态文明建设中的互动共建机制,优化生态文明建设的公众参与机制等,协调好各方关系。三是加强与生态文明制度相配套的各领域制度建设。当前,反映生态文明理念的经济制度、政治制度、文化制度和社会制度还没有形成,还缺乏与生态文明理念和要求相配套的制度设计,也缺少相应的体制机制作保障。比如,在经济制度上,将环境等生态文明指标纳入经济制度体系之中,创新经济利益调节与考评奖惩并重的机制等;在政治制度上加强政府绩效的生态文明考核体系设计,进一步加大生态考核指标所占权重,更好地引导政府在生态文明制度建设方面发挥重要作用等。应加快生态文明立法,推进现存法律体系生态化转向,形成一整套推进生态文明发展的法律体系,以立法推进绿色生产、绿色消费,用法律保障低污染、可持续、无害化发展,推进生态文明建设的法治化,形成生态法治体系,进一步创造生态红利。通过加快与生态文明要求相适应的各项制度和政策体系的构建,不断构建和完善经济发展、社会进步和环境改善"三位一体"的生态文明制度体系。

(二) 推进制度建设的法治化、规范化与程序化

以制度的法治化、规范化与程序化来保证现代制度体系的合法性与有效性,是中国现代国家制度建设的重要途径。"国家治理体系现代化要求'中国特色社会主义制度更加成熟更加定型',而法治化既是检验制度成熟程度的衡量尺度,也是推进制度定型的基本方式。"[1]由于法治是社会正常秩序的屏障,通过充分发扬民主、利用民主程序建立的制度,只有经由法律确认与保障,才能获取人民的支持和认可,最终获得治理的合法性。在此基础上,推进制度建设并将其成绩用法律加以确认和维护。制度建设的法治化、规范化与程序化,不但是衡量制度成熟度的标尺,亦是将制度定型的重要手段,更是制度获得强制性、权威性和执行性的可靠保证。所以,完善的法律制度是构建国家治理现代化不可缺少的一部分,实现社会生活的法治化亦是国家治理现代化的根本目标。失去法治的保护和支撑,制度的合法性和有效性也无从谈起,国家治理现代化就会成为空中楼阁。所以对制度建设的成绩一定要及时用法律予以确认并保持法律

---

[1] 张贤明:《以完善和发展制度推进国家治理体系和治理能力现代化》,《政治学研究》2014年第2期。

的稳定性。假如制度缺乏法律确认,抑或存在法律规范稳定性、政策连续性不足等问题,将会影响国家制度体系权威性和约束力,也会削弱国家的治理功效。法律制度除了对人的行为有约束功能,更重要的是它还具有引导功能,这一功能的有效发挥,同人们对法律稳定性的预期成正比。假如法律制度频繁变动,人们就会因无法预见自己的未来而迷茫,这样不但会影响法治秩序建设,也会加大社会治理成本。因此要借助法律和制度,科学合理地厘定权力行使的界限和发挥作用的范围。现代法治的核心是限制权力,对个人而言首先要做到依法办事,对公权力的施行者来说要做到依法行政、依法执政。唯有一切人和实体,特别是公权力的施行者做到在法律允许的范围内活动,才能实现国家治理的法治化、现代化。党的十八大提出:"党领导人民制定宪法和法律,党必须在宪法和法律范围内活动。任何组织或者个人都不得有超越宪法和法律的特权,绝不允许以言代法、以权压法、徇私枉法。"①这是对"法大于权"治理之道的庄严宣告。要用法治思维和方式进行国家和社会治理,保证任何时候都不脱离法治的轨道。党的十八大旗帜鲜明"要求领导干部提高运用法治思维和法治方式深化改革、推动发展、化解矛盾、维护稳定能力"②。习近平总书记在中央全面深化改革领导小组第二次会议上强调:"凡属重大改革都要于法有据。在整个改革过程中,都要高度重视运用法治思维和法治方式,发挥法治的引领和推动作用,加强对相关立法工作的协调,确保在法治轨道上推进改革。"③这充分说明了法治思维和方式在推进国家治理现代化进程中的巨大价值,"以往通过改革试点总结经验,再通过立法总结和巩固改革

---

①② 胡锦涛:《坚定不移沿着中国特色社会主义道路前进,为全面建成小康社会而奋斗——在中国共产党第十八次全国代表大会上的报告》,《人民日报》2012年11月9日。
③ 习近平:《把抓落实作为推进改革工作的重点,真抓实干、蹄疾步稳、务求实效——在中央全面深化改革领导小组第二次会议上的讲话》,《人民日报》2014年2月28日。

经验的立法模式将成为历史,而重大改革都要于法有据则意味着要确保一切改革举措都在法治轨道上进行"①。因而一定要通过法治思维和法治方式促进各项政治改革和国家治理工作,保证治理不脱离法律的航道。

历经几代领导人不遗余力的制度建设,我国在许多领域都已建立了比较完善的战略规划和政策架构,建成了较为完备的法治体系。但规划、政策、制度和法律都是静态的,属于"认识世界"的范畴,其真正的价值在于用来指导实践,我国在法治体系建设方面还存在一些短板,增强国家政策、制度和法律的执行力,对于中国国家治理现代化有着更为重要的价值和意义。事实上,制度从社会、公民中汲取养分,其生命力源于社会实践和公民认同,这不但要求制度的价值获得绝大多数公民的认可,同时还要有保证价值实现的有效路径,有科学合理的体制和机制支撑。因此,要全方位思考利益多极化的背景下,社会如何最大限度释放出制度的激励和约束功能,科学设计国家治理制度的程序和体制机制,使制度要求内化为执行者的自觉意识,不断提升制度执行的有效性和公正性,为我国走向"规则主导型社会"奠定坚实的基础。

(三) 优化制度体系的内部结构

"优化制度体系的内部结构、提升制度结构的科学性与运行效能,是中国现代国家制度建设的重要内容。当下中国国家治理现代化的核心任务不是设计新的制度,而是更新和改造现有的制度体系,使之能更好地适应和容纳经济社会的新变化,以更加有效地回应和解决各种问题。"②只有"充分发挥制度的整体作用,保障制度的整体性、系统性、协调性,建构

---

① 张贤明:《以完善和发展制度推进国家治理体系和治理能力现代化》,《政治学研究》2014年第2期。
② 杨雪冬:《论国家治理现代化的全球背景与中国路径》,《国家行政学院学报》2014年第4期。

科学合理的制度体系,使其紧密衔接,才能彰显其规范行为、整合利益和协调关系的作用,确保制度的各组成部分和构成要素围绕既定目标协调运行"[1]。基于以上的考量,中国还需推进以下制度改革:

1. 坚持以人民为中心构建科学合理的权责关系

我国是人民民主专政的社会主义国家,国家的一切权力属于人民,人民是权力的所有者,"必须坚持人民主体地位,坚持立党为公、执政为民,践行全心全意为人民服务的根本宗旨,把党的群众路线贯彻到治国理政全部活动之中,把人民对美好生活的向往作为奋斗目标,依靠人民创造历史伟业"[2]。这一切必须以优良的政治秩序为保障和支撑。优良政治秩序的建立,还需要在明确权力来源基础上,完善权力运行机制。现代民主政治的一个鲜明特征是实行代议民主制,由人民选举代表代表自己管理国家和社会事务,要想实现国家的"善治",一定要按照权责一致的原则建立科学合理的权责关系。所以,一定要对权力运行的边界、范围做出严格的限定,做到有权有责、无权无责、权责对等和权责一致,并要用法律的形式对其确认使其制度化,不但能使权力运行做到有根有据,而且也为评价公共权力行使是否恰当提供了评判标准,为国家治理现代化的实现提供了有力保障。

2. 打造共建共治共享的社会治理格局

治理理论的出现为人类提供了一种多元主体整体协作治理社会公共事务的新方法和新途径。但治理理论本身尚有需要实践去证明的地方,这些探索中的难点主要源于多元治理主体间关系的不确定和难以把控。尤其是时下我国正面临两个需着重破解的课题:一方面,治理主体分化

---

[1] 张贤明:《以完善和发展制度推进国家治理体系和治理能力现代化》,《政治学研究》2014年第2期。

[2] 习近平:《决胜全面建成小康社会,夺取新时代中国特色社会主义伟大胜利——在中国共产党第十九次全国代表大会上的讲话》,《人民日报》2017年10月28日。

不充分、多元化不明显，如何更好激发市场和社会活力；另一方面，治理主体间合作不够充分，步调一致的情况较少，如何实现政府、社会、市场的协同。所以必须"打造共建共治共享的社会治理格局，强社会治理制度建设，完善党委领导、政府负责、社会协同、公众参与、法治保障的社会治理体制"①，划分主体利益，增强相互信任，规范行动路径，实现"精准化治理"。"精准化治理"在政府管理上，主要体现为两个层次的变化：在理念上体现为从"社会管理"向"社会治理"的转变，在操作层面体现为"精细化"向"精准化"的转变。"精准化治理"就是建立以社会问题和社会需求为靶向的积极政府，通过服务主动、功能全面的基层政府以及多元主体，利用业已形成的精细化社会管理工具，高效、准确解决社会矛盾，提供公共服务，而不是以政府自身的精细化为目标，将公共事务纳入政府自身的理性规划之中，从而超越治理碎片化，提升国家治理现代化的总体效果。

3. 在坚持党的全面领导基础上建立科学合理的党政关系

"党政军民学，东西南北中，党是领导一切的。中国特色社会主义最本质的特征是中国共产党领导，中国特色社会主义制度的最大优势是中国共产党领导，党是最高政治领导力量，在我国国家治理体系中处于领导核心地位。"②没有党的领导，中国所有形式的现代化理想都无法达到。国家治理现代化，在我国来说是党领导下的现代化，而并非其他任何政治势力领导下的现代化。此种现代化的推进和达到，不但不能削弱党的领导，反而必须毫不动摇地维护和增强党的统一领导。党的领导不是事无巨细的全盘领导，不是包办一切，而是"把方向、谋大局、定政策、揽全局、

---

① 习近平：《决胜全面建成小康社会，夺取新时代中国特色社会主义伟大胜利——在中国共产党第十九次全国代表大会上的讲话》，《人民日报》2017年10月28日。
② 丁薛祥：《深化党和国家机构改革是推进国家治理体系和治理能力现代化的必然要求》，《人民日报》2018年3月12日。

协各方,是对党和国家事业全局的重大工作的集中统一领导,负责重大工作的顶层设计、总体布局、统筹协调、整体推进"①,所以在国家治理现代化的过程中,党处于领导地位而政府发挥主导作用,党是"掌舵者"而政府是"划桨者"。因而,从体制转换视域来看,怎样简政放权、明确党政各自的治理领域、优化政治环境、理顺党政关系,是国家治理现代化建设过程中非常重要的环节。一是理顺党政关系,明确二者职能领域。这需要明确党政各自履职的范围、明确党政在国家中各自工作的重心和进行领导的手段、正确理解党的领导与党政职能分开的内涵。二是党政关系民主化。这要求党在对国家政治生活履行领导职能时,应该做到在充分发扬民主的基础上进行选举、决策和管理。即党在履行向人民代表大会推荐先进分子的职能时,必须在坚持差额选举的基础上利用民主选举手段实现;党在履行向人民代表大会提供国家性政策的职能时,必须在坚持广泛调研科学论证的基础上与人大民主协商实现;党在履行对人民代表大会的领导职能时,必须以人民群众的广泛参与为基础进行管理。三是党政行为法治化。这要求党政的行为必须在法律许可的范围内活动,如果其行为超越法律划定的红线,将承担相应的法律后果。因此在国家的最高法律——最具有权威的宪法中要对党政行为予以明确规定。

总而言之,现代化进程会推动社会结构转型,表现在政治上就是多元利益的出现与互动,这种互动是社会发展过程中的客观现象。在一个利益格局急剧碎分化和利益关系复杂交织的时代,现代国家制度起着整合各政治力量、协调利益各方、维系社会稳定的统合作用,现代国家制度体系是现代国家治理体系的主导性因素。梳理世界各国治理的经验可以发现,一个先进的执政党要保证其执政地位的长久性,关键在于为社会供给有效制度,通过科学治理实现公共利益最大化,为公民提供优质的公共服

---

① 《中共中央关于深化党和国家机构改革的决定》,《人民日报》2018年3月18日。

务。"中国共产党的当务之急就是以治理现代化为契机推进现代国家制度建设,建立科学民主理性现代化的执政体系,以包容性体制构建推进公平正义的实现,不断增强中国政治体制的学习能力和执政党的调适力。完备的现代国家制度体系是治理能力现代化的基本构成要件,加强现代国家制度建设是实现中国国家治理现代化的关键环节。"①所以,在国家治理现代化视域中推进政府职能转变,必须坚持制度创新和体系完善,突破被动跟进、量化偏好的惯性思维,在党的领导下处理好政府、市场和社会之间的关系,为国家治理现代化的实现创造条件。

第二节 动态调整政府职能边界

从唯物辩证法的角度看,政府职能转变是过程的集合体,处于变化发展之中,这种变化扎根于社会实践当中,随市场和社会发展而变化。换言之,没有一成不变的处理政府、市场、社会之间关系的灵丹妙法,只有最符合本国国情的、契合自己现实实践的调整政府、市场、社会之间关系的动态化权力配置。埃莉诺·奥斯特罗姆所提出的治理之道,对美国南加州来说也许有用,但在中国则未必有用。所以一切都应根据时间、地点、条件的变化而具体分析,根据各自国家的具体国情、现实实践来处理政府、市场、社会之间的关系。就目前来说,中国政府职能转变关键是简政放权,要向市场、社会、地方政府有序放权赋能,但问题的关键在于市场、社会和地方政府能否接得住,而且接得好。在社会利益格局深刻调整、社会结构愈加分层的情况下,仅仅依靠行政改革或市场放权,难以形成长效机

---

① 李放:《现代国家制度建设:中国国家治理能力现代化的战略选择》,《新疆师范大学学报》2014年第3期。

制,无法有效推动"善治"目标的达成。构建政府、市场、社会协作互补的多元治理格局才是真正的应对之法。在这一过程中,要深刻认识单一主体治理的局限性,而国家治理体系作为人类制度文明的重要成果,为贯通制度优势提供了系统性方案。所以,"中国必须把以简政放权为核心的行政体制改革、以释放活力减少经济性规制的市场改革、以能力建设为核心的社会建设三者有机地结合起来,从而实现三者的有机互动和系统推进"①。

一、动态调整中央政府与地方政府的关系

从中央政府与地方政府的关系上来看,政府现有职能还不完善,还不足以支撑起国家治理现代化所要求的国家治理体系中的关系结构。改革开放至今,通过重塑中央与地方财力格局的财税体制改革和重构中央与地方事权结构的政府机构改革,中央与地方关系发生了重大转变。政府职能也被定位在经济调节、市场监管、社会管理、公共服务、生态环境保护等五个重要方面,进一步理顺了中央与地方政府的职能关系。② 可是无论是中央还是地方,政府职能转变仍然面临挑战:部分领域职责交织、机构臃肿,跨部门、跨区域的政府间协同治理能力不足,简政放权的衔接问题有待解决。必须对中央政府与地方政府各自权力行使范围进行科学理性的界定,坚持中央集中统一领导,在法治化轨道上实现权责配置精准化、利益分配合理化,真正调动央地两个积极性,推动国家治理现代化的实现。具体来说,可从以下几个方面着手:

---

① 薛澜、李宇环:《走向国家治理现代化的政府职能转变:系统思维与改革取向》,《政治学研究》2014 年第 5 期。
② 胡鞍钢等:《转型与稳定:中国如何长治久安》,人民出版社 2005 年版,第 84 页。

（一）依法执政，依法行政，合理划分中央与地方的职责权限

中央与地方职责权限的大小决定着两者之间关系的走向，在党中央集中统一领导下对其进行科学合理的厘定，能够为规范两者的关系和行为提供依据。而运用法律规范职责权限则是正确处理中央与地方关系的根本保障。第一，制定完备的法律和法规。一是要认真总结和吸取以往的教训，深入分析过去职责权限设置不科学、权限划分不具体、事权与财权不匹配、用权程序不规范、监督机制不健全等问题的原因，切实找出这些问题的症结所在，以防止相同问题的再次发生。二是要依托社会主义制度，实现国家治理现代化的总体要求和根本目标，结合培育和发展成熟的社会主义市场经济的实际，认真研究制定什么样的法律才能与这些要求相适应，以使中央与地方关系的法律规定符合全局和长远发展的需要。三是要分析研究世界发展趋势，特别是顺应经济全球化发展的要求，积极学习借鉴成功经验，主动与国际规则和惯例接轨，充分发挥制度建设对开放型经济体制的促进作用。第二，完善中央与地方关系的法治化建设。一是要进一步修订《地方组织法》，并制定专门的程序法，科学规定中央与地方各自职责权限有哪些、如何划分、怎样行使、行使的方式如何、行使的范围多大等，从而保证中央与地方职责权限划分的合法化、规范化。二是要依法对中央与地方的结构方式与职责关系进行调整，以此保证中央与地方关系的稳定持久。针对目前中央与地方关系中存在的矛盾和问题，应跟进修订和完善行政组织法、程序法和地方财税法等相关法律法规，构建稳定性和灵活性相统一的制度框架。第三，对中央和地方的专有权力与共享权力做出具体详细的界定。具体来说，一是在坚持和完善基本经济制度方面，中央应该负责保护各种所有制经济产权的立法、执法和监督；地方应该根据中央确立的法律和行政法规，制定和组织实施适合本地特殊情况的规定和细则，以及推进国有企业现代企业制度建设、促使非公有制经济良好发展的方法准则。二是在建立和维护现代市场体系方面，

中央应该负责建立全国统一市场准入、市场监督、企业破产、价格形成、建设用地、金融体系、知识产权保护等方面的市场规则；地方应该负责建立既符合中央市场规则要求，又符合当地实际的法规和制度。同时，对不利于经济社会整体发展和维护公平正义的规章制度进行废止或限制。三是在履行政府职能方面，中央政府应该负责全国发展战略、规划、政策、标准的制定和监督实施；地方政府应该根据本地实际，制定和组织实施符合国家战略、规划、政策、标准的具体规章和实施细则。四是在财税体制方面，中央应该负责制定包括转移支付、债务管理等在内的预算制度，统一税收制度，建立事权和支出责任相适应的制度；地方应该负责根据本地情况制定具体的执行和落实细则。五是在城乡发展一体化方面，中央应该负责制定农民土地承包经营、耕地保护、农民财产权利、户籍制度等方面的法律法规；地方应该负责制定和实施既符合中央要求，又符合本地特点的法规和细则等。六是在外交、国防、军队、国籍、货币、司法等方面，应由中央统一负责，地方配合落实。七是在保护人权和公民权，以及提供公共服务、社会保障、社会管理、环境保护等方面，应由中央和地方政府协同管理。

（二）建立利益协调机制，实现中央政府与地方政府利益分配合理化

妥善处理中央与地方关系，实现中央与地方协同并进，优化中央与地方政治环境，追根究底是要实现中央与地方利益分配合理化。第一，构建合理科学的地方利益表达机制。行政中央与地方友好互动关系的先决条件，就是中央与地方双方都能够以自己的实际需求实践其互动行为，也就是说，这需要双方都能够在一个相对宽松的环境内述说各自的利益需求。为了避免缺少正常表达途径而造成的地方之间非法竞争等消极影响，也出于对推动中央决策科学化民主化的考虑，应在坚持体制机制创新的基础上，构建合理科学的地方利益表达机制，使地方可以利用正式的途径表达自己的诉求，参与中央的决策。"平等参与是建立地方利益表达与平衡

的重要原则。所谓平等参与,就是在中央决策过程中,各地方具有平等的表达权和参与权。"①地方利益表达与平衡机制,"不仅是实现中央与地方关系规范化、制度化的一项重要举措,而且有助于提高中央决策的民主化和科学化水平,也有助于加强纵向制衡和权力制约,增强中央与地方相互间的统一与合作"②。第二,建立利益分享与利益补偿机制。"利益分享强调在市场经济关系的基础上,通过中央政府的政策协调,建立一种新型的地区利益关系,在平等、互利、合作的基础上形成地方之间既竞争又协作的关系,并通过地区间利益的分享来实现地区的公共进步。"③要尽力维护地区经济利益,使中央与地方都能从产业的发展中获取合理的利益,另外也要兼顾不同地方之间的利益,使其共享不同产业发展的成果,实现跨地利益的合理分布。"利益补偿主要是通过规范的制度建设,实现中央与地方之间,以及地方政府之间的利益转移,实现各种利益的合理分配,同时通过合理的财政制度实现较为公平的利益运行,在市场机制中,将利益调节的损失降到最低的限度,地方之间的利益建立在以市场调节的基础上,实现地区间的利益补偿和平衡,促进社会发展的公平性。"④

(三) 完善行政监督机制,加强对中央和地方政府权力运行的监督

"决策、执行、监督,是构成权力运行体系的三大必备要素。这三大要素,决策是核心,执行是关键,监督是保障。"⑤在规范中央与地方政府职

---

① 张国平:《法治视野下中央地方间行政权力的运行规则研究》,《西部法学评论》2010年第3期。
② 熊文钊:《大国地方:中央与地方关系法治化研究》,中国政法大学出版社2012年版,第359页。
③ 蓝剑平:《改革开放以来的中央与地方关系:演化、问题与对策》,《中共福建省委党校学报》2013年第1期。
④ 王伟等:《构建与嬗变:中国政府改革发展30年》,郑州大学出版社2008年版,第229页。
⑤ 桂理昕:《扎紧权力笼子》,《广西日报》2013年12月3日。

第五章 | 国家治理现代化视域下我国政府职能转变的路径构建

责权限和实现中央与地方利益分配合理化的同时,必须构建完备的监督制度,以保证各项职责的有效履行。第一,建立健全政府权力运行监督制度,需要在四个方面加大力度。一是在监督内容上,要全面覆盖、突出重点。也就是说,要将政府履行职责的内容全部纳入监督范围,实行全方位和全过程监督。与此同时,要突出对关乎大局、保障民生的重大事项的监督。二是在监督对象上,既要监督政府领导班子,又要监督政府各级部门,更要监督政府一把手。三是在监督方式上,不仅要实行由上而下的监督,更要重视自下而上的监督;不仅要实行纪检监督,更要落实和增强人大、政协监督,提升其监督的有效性;不仅要重视网络与媒体监督,更要重视和发挥群众监督的优势。四是在监督手段上,要加强行政监督和审计监督手段,更要注重运用法律监督手段。第二,加强对中央和地方政府职权的监督,构建完备科学的政务公开制度。一是要在政府部门广泛实行权力清单制度,把依法界定的各级政府的职责权限如实向社会公布,让权力在众人的目光下运行。二是依法规范权力运行过程。"按照减少层次、优化流程、提高效率、方便办事的原则,依法公开各级政府及其行政首长、县以上政府工作部门及其负责人的行政决策权、审批权、执法权等职责权限、法律依据、法定程序,促使隐性权力公开化、显性权力规范化。"[①]三是强化政务公开。凡是关系广大人民群众切身利益、人民群众集体关心的、影响社会发展的事务,都必须向社会公开,维护人民知情权。第三,建立健全绩效考核和问责制度是实现有效监督的重要保障。当前,许多地方在不同程度上对政府的监督流于形式:有的监督人员只讲成绩、不讲问题;有的监督部门发现问题不予深究,草草了事;有的监督机关明知问题严重,而不去彻查与问责。这不仅影响了中央政府政令的通畅,而且助长

[①] 石军:《开放·改革·管理:三驾马车拉动经济体制转型研究》,中国工人出版社2014年版,第212页。

了"上有政策下有对策、有令不行有禁不止"的坏风气。因此,迫切需要建立健全绩效考核和问责制度,为对政府监督的真实性提供制度保证,依据制度评价政府的政绩,根据制度规定对被监督人员的违规行为进行问责,运用制度矫正监督部门和监督人员的不当监督行为,以保证各级政府认真履行各自的职责。

二、动态调整政府与社会的关系

当前我国社会治理体系,有待通过制度创新与能力建设,进一步提升与政府职能转变的协同效应。对于理想的中国社会体系,李景鹏认为它"就是社会成员相互之间的行为体现公民精神的社会。它包含:公民意识的觉醒和公民素质的提高、公民社会组织的发展、公民社会与政府的互动、公民的利益表达和权利维护、公民对公共事务的参与和公民社会的自助、自救、自律、自治。不同程度地具备上述内容的社会就是公民社会"①。随着人民对社会主义核心价值观的普遍接受和社会组织的大量产生,理想的社会体系正在中国社会里孕育和生成。而由于中国社会体系发展的独特性,政府在推进职能转变时,最重要的是保证社会组织的健康合法,以此为前提增强社会组织承接能力,确保政府与社会协同治理的实现。由此可见,"中国要实现政府与公民社会的良性互动,只能采取政府自上而下的理性构建与民间自下而上的自发演化相互结合的社团主义模式"②。在这当中,政府的职能作用主要可通过以下五个方面实现:

---

① 李景鹏:《中国公民社会成长中的若干问题》,《社会科学》2012年第1期。
② 景维民、慧君等:《经济转型深化中的国家治理模式重构》,经济管理出版社2013年版,第320页。

（一）增强政府社会管理职能

"现代社会是由多种要素构成的复杂经济体。经济固然是社会的基础，但是不能仅用经济的发展代替社会的发展，衡量一个社会的整体发展水平，需要综合的指标体系，经济增长不等同于社会发展。"[1]人是社会的主体，在经济社会发展中起着主导作用，是最活跃的因素，所以，在实现国家治理现代化的过程中必须要坚持以人民为中心，要把更多的注意力集中到提供基本公共服务、生产优质公共产品上，改善人民的生活环境，提高人民的生活质量，通过公共服务体制改革、加大财政投入，让发展成果惠及全体人民。因而，各级政府一定要按照党的十九大提出的"必须坚持人民主体地位，坚持立党为公、执政为民，践行全心全意为人民服务的根本宗旨，把党的群众路线贯彻到治国理政全部活动之中，把人民对美好生活的向往作为奋斗目标，依靠人民创造历史伟业"[2]的精神，把改善民生作为自己的工作重心，充分发挥社会管理职能，加强和创新社会治理，维护社会和谐稳定，保证国家繁荣昌盛、人民平安幸福。

（二）树立现代行政理念

行政文化对行政管理具有规范和引导作用。民主的实现，不但要求普通公民要养成公民素养，而且要求行政人员也要具备为人民服务的思想。因此，必须在实践中抛弃"官本位"的思想而形成以服务公众为导向的现代行政文化。我国政府肩负着培育公民意识和提高公民素质的职责，政府能够借助充足的社会资源，利用宣传教育、政策动员等手段，调动人民的积极性，引导和帮助人民树立正确的公民观念，形成公民素养。

---

[1] 刘延生：《走出 GDP 增长误区　以科学的发展观实现经济社会全面发展》，《延安教育学院学报》2004 年 4 期。
[2] 习近平：《决胜全面建成小康社会夺取新时代中国特色社会主义伟大胜利——在中国共产党第十九次全国代表大会上的报告》，《人民日报》2017 年 10 月 18 日。

"公民意识是公民作为政治法律国家有效的社会成员对自身主体身份、权利与义务关系及公民与公民、公民与国家、社会的关系意识的自我体验、自我感知、自我认同意识。"①它在公民政治参与的实践中得以形成,它是现代民主的基础和基本组成部分。所以,培养公民素养、引导公民参与政治实践是政府的重要职责,对国家治理现代化的实现具有深远影响。

(三) 积极促进公民社会组织的良性发展

政府职能的成功转变离不开公民社会组织的支持,但我国现在公民社会组织发展水平普遍不高,存在很多亟须改进的地方,因而,必须采取有力措施推动公民社会组织的发展。一方面,政府要加大支持力度,在政策允许范围内为公民社会组织的良性发展提供尽可能的帮助、创造有利的外部环境。第一,政府应当制定专门的公民社会组织方面的法律法规,对其与政府之间的关系做出明确规定,并且在其发展的初期或在其发展有困难时提供及时适当的帮助,尤其是予以资金上的帮扶,但绝不能连带任何附加条件或强制性条件。第二,在发展公民社会过程中要做到政事分开。要求政府规范自己的行为,优化权力的覆盖范围,将大量经办、服务、技术职能这些公民社会组织有能力承担的事务交由它们去承担。同时还要通过还权、放权、分权于社会,构建有限政府,只有如此,公民社会组织才有一个良好的发展环境,而且政府包袱也轻了。另一方面,强化组织内部管理。政府在为公民社会组织发展提供支持和帮助、为其发展创造条件的时候,公民社会组织也要积极配合,通过构建科学合理的运行机制,吸收卓越人才,强化自身管理,优化组织结构,提升治理能力,促进公民社会组织的良性发展。就社团(社会团体)而言,要做到:第一,科学制

---

① 程德慧:《德育的自我超越与现代追寻:学校公民意识教育的理论与实践》,浙江大学出版社2015年版,第42页。

定和严格遵守社团的章程。社团章程必须在充分调研和科学论证的基础上,经会员代表大会讨论通过、民政部门备案和登记、管理机关核准方能生效。章程一经制定必须予以严格遵守,不得随意更改。第二,完善会员入退会程序,保证其入会自愿,退会自由。社团要根据社团章程保证会员权利,严格遵守入退会程序。第三,坚持社团的独立性和自主性。避免成员在多个社团之间交叉任职,尤其要杜绝党政机关领导干部兼任社团领导职务。第四,社团决策民主化。社团的一切事务都应当按照社团章程民主化运行,譬如领导人的任期、会议的举行等。

(四) 构建高效的社会与政府沟通互动机制

社会与政府之间对话渠道的畅通,不仅有利于公民社会的培育,而且能极大地推动政府职能转变。第一,建立开放式、参与式的决策机制。在公共决策方面,应加大开放力度,广泛吸收公民参与决策的全过程,使公民真正了解决策的目的从而支持决策。具体包括:"要建立起社会公示制度和信息反馈机制,及时将社会各界的意见收集汇总并通过以上渠道及时公布;建立公民听证制度,邀请社会各方代表及公民代表参与重大问题的决策;健全政府新闻发言人制度,向社会发布政府工作信息。"[1]第二,建立和发展以电子政务为主导的政府服务。实现公民的政治参与不但需要完善的制度、高素质人员等内部因素支持,也需要通信技术等外部条件保障。网络平台对于提升公民的政治参与兴趣和热情、增强政治参与的效果具有极强的工具性价值。电子政务作为新型政府治理方式的现代呈现,就具有这样的功能,它利用信息技术对行政管理进行改进和创新,其目的就是要构建以人民为导向的透明的看得见的服务型政府。电子政务

---

[1] 王婧:《公民社会视角下我国地方政府职能转变研究》,硕士学位论文,大连海事大学,2012年。

的诞生,为以人民为导向、以服务为内容的政府的构建提供了巨大的技术支撑和呈现平台。电子政务的服务形态体现为:"公民没有走进政府机关即可获取丰富的信息;公民只需在单一机关办事,任何问题皆可随问随答,所办事情立等可取;若公民申办事情涉及多个机关,政府机关可在一处办理,全程服务;公民无须进入政府机关,即可经过电脑连续申办。"[1]所以,一定要从转变思想观念出发,建立起"'政府管理就是服务''政府信息必须公开,必须为全社会共享'等全新的管理理念,要以电子政务建设为契机,改进行政管理的组织方式和行为,打破政务的神秘面纱,使政府管理由封闭转向透明,由间接转向直接,使公务人员由'高高在上'的官僚变为为人民服务的公仆,实现政府管理职能的变革,建立一个权力、职能、规模和行为都受到宪法和法律明确限制,并接受社会监督和制约的有限政府"[2]。第三,健全公民参与机制。如果一个国家的政治体制缺少了凝聚性、适应性、自主性,那么其公民的政治参与意识将会受影响,热情也会降低,不利于民主政治的发展。目前中国的政治体制在自我调适、自我运转与自我创新方面的能力还有待加强,这恰恰反映出我们的凝聚性、适应性、自主性仍有提升空间,因而,必须坚持政治体制改革以推进政治发展,为政治民主化、科学化、现代化打下坚实基础。第四,拓展参与渠道。虽然经过几十年的发展,我国公民政治参与水平和能力有了极大的提升,但公民政治参与的渠道依然不甚通畅,尚需要加以发展和完善,尤其是在地方立法的制修废、社会事务的管理方面存在一些不足。在法律的制修废的过程中,要提高公民参与度。在地方社会事务的管理过程中,充分利用社区服务、居民议事会等平台让公民参与地方事务的管理,促进基层民主发展。

---

[1] 孟庆国、樊博:《电子政务理论与实践》,清华大学出版社 2006 年版,第 3 页。
[2] 孙景峰、王锐:《电子政务建设与当代中国政府管理创新》,《甘肃社会科学》2009 年第 1 期。

（五）构建有效的监督体制并完善相关法律制度

公民社会提倡公民有效的参与，主张治理的法治化，所以，在政府职能转变过程中，必须构建完善的监督体系，建立完备的法律制度，以此确保公民权利的实现，推动政府职能的成功转变。这需要：第一，完善政府信息公开法律制度。"所谓政府信息公开法是指调整行政机关通过公众便于接受的方式和途径公开其政务运作过程，公开有利于公众实现其权利的行政信息资源，允许公众通过查询、阅览、复制、下载、摘录、收听、观看等形式，依法利用政府所拥有的行政信息的法律规范的总称。"[①]当今世界已是数字和信息时代，"信息"成为公民个体和社会整体发展必不可少的要素，是国家与社会互动的重要载体。公开政府信息是社会发展的客观要求。《政府信息公开条例》作为规范政府信息公开的法律依据，在保障公民知情权和监督权方面发挥了不少成效，但在实践中仍有不足，为进一步发展公民社会，推进国家治理现代化，应尽快以条例为基础制定《政府信息公开法》，以畅通政务公开的法治化道路，同时确保公民及时了解行政信息，保证行政行为的公正合法。第二，加强行政效能监察制度建设。为使行政效能监察走向制度化、规范化和科学化，必须出台规范的规章制度，建立完善的工作机构，加强行政效能监察制度建设，制定行政效能监察相关的工作方案和工作目标，从而促升行政监察效率。第三，建立完备的行政效能投诉中心。执行是政府价值的本质体现，执行效果直接影响到政府的权威，因此政府应当设立行政效能投诉中心，适时监控行政效果，真正做到服务于民。中心要坚持办理有效、投诉有门、督查到位、结果透明的准则，充分发挥其在"受理效能问题投诉、重要事项的直查快办、效能事项的协调督办、实施效能指导和行政效能检查方面的职能

[①] 齐爱民、万洪：《电子化政府与政府信息公开法研究》，武汉大学出版社2008年版，第60页。

优势"①。第四,构建科学完善的行政效能法律体系。公民社会坚持法律第一,一切依法而行,构建科学完善的行政效能法律体系可以确保行政效能监督工作有序推进和规范高效。为了加强对政府的监督与约束,使其行为不偏离法治轨道,必须推进行政效能监察机制的法制化建设,为有效监督政府提供法律依据和制度保障。

总而言之,在现代治理体系中,政府要与市场和社会精诚团结,共同肩负起为全社会提供优质公共服务、为人民谋利益的重任,但这并不意味着政府是唯一的社会治理主体,社会和市场只是客体,相反社会和市场同样是重要的治理主体,政府要合理调整权力的覆盖范围,将大量经办、服务、技术职能等适合市场和社会承担的事务交由它们去完成,激发主动作为的社会治理新动能。

三、动态调整政府与市场的关系

从政府与市场的关系来看,推进国家治理现代化要求我们对中国市场经济体制的整体发展现状有一个全面的把握,防止将"市场不完善"与"市场失灵"混为一谈。我国对市场经济体制作用的表述,从1993年把市场经济体制写进宪法时的"基础性"发展到2013年党的十八届三中全会的"决定性",这一历时20年的理念跃迁,彰显了社会主义市场经济体系建设的巨大成绩。但恰如林毅夫所言:"当前中国的市场经济还没有在资源配置上真正地发挥决定性作用,有效的市场还没有建立。"②但此时我们必须明白的是,"市场在资源配置中起决定性作用绝不意味着市场原教旨主义所期望的政府的退出,相反我们此时更需要一个强有力的政府实

---

① 毛昭辉:《行政法》,对外经济贸易大学出版社2014年版,第208页。
② 林毅夫:《转型国家需要有效市场和有为政府》,《中国经济周刊》2016年第6期。

现对自由放任的市场经济进行有力的监管。政府职能设置能否与市场发展相协调一致是现代化进程中最重要的因素和最明显的标志"①。中国市场经济的完善是在政府的战略引领下实现的,这要求政府有较强的修正经济体制内部缺点的能力。客观地说,"市场经济本身就是深深嵌入政治、宗教和社会关系之中的,任何试图脱嵌于社会规制的市场经济不会带来繁荣,而只会摧毁人类并将其环境变成一片荒野"②。对于像中国这样的后发性发展中国家而言,其转型能否成功在很大程度上取决于政府是否强大,以及能否为其发展提供强有力的制度保障。

从经济学理论来讲,政府的调控是"有形之手",而市场的调节是"无形之手",怎样协调好"两只手"之间的关系,使它们更好地服务市场,是现代政府治理的核心。党的十八届三中全会开创了我国改革开放的新局面,重新定位了市场的作用,"使市场在资源配置中起决定性作用"③;明确规定了政府的职责,"保持宏观经济稳定,加强和优化公共服务,保障公平竞争,加强市场监管,维护市场秩序,推动可持续发展,促进共同富裕,弥补市场失灵"④;进一步理顺了政府与市场的关系,限制政府"体过肥、手太长、闲不住"。有学者研究认为,不同国家和地区形成了独特的经济发展模式,其市场与政府的关系各具特点:一是美英模式,以美国和英国为代表,是强市场、弱政府;二是莱因模式,以瑞典和德国为代表,主要依靠市场的自行调节,结合政府必要干预;三是东亚模式,以日本、新加坡为代表,是强政府、弱市场;四是中国模式,我国的社会主义市场经济体制创新性突破政府与市场二元对立思想,用辩证视角看待

---

① 杜创国:《政府职能转变论纲》,中央编译出版社 2008 年版,第 118 页。
② [英]卡尔·波兰尼:《大转型:我们时代的政治与经济起源》,刘阳、冯钢译,浙江人民出版社 2007 年版,第 15—16 页。
③④《中共中央关于全面深化改革若干重大问题的决定》,《人民日报》2013 年 11 月 16 日。

二者关系,但要素市场化领域仍存在制度性障碍。协调好政府与市场关系的重点还得诉诸"转变政府职能,深化简政放权,创新监管方式,增强政府公信力和执行力,建设人民满意的服务型政府"①。薛澜、李宇环认为转型期的政府职能主要体现为"建立市场、监督市场、引导市场与参与市场四个依次由强变弱的'宝塔型'功能特征。建立市场的职能即由政府界定和保护产权以及完善市场运行的基本规则和法律体系,这是市场机制发挥作用的前提也是政府最强的职能;监督市场的职能即建立行政执法、行业自律、舆论监督、群众参与相结合的市场监管体系,以维持良好的市场秩序;引导市场的职能主要指通过产业政策、税收政策等方式,鼓励技术创新与有序发展;参与市场的政府职能是最低的,即由政府直接提供不适合由私人经营的基础设施和公共服务"②。伴随国家治理水平的不断提升,市场体系逐步形成和发展,政府的职能会越来越多地聚集在建立、引导和监督市场上,参与市场的职责则会交由社会去承担。可是在现实中政府与市场关系还存在一定短板,以上四种职能的履行尚需强化,这要求政府突破传统体制惯性和路径依赖,在市场可以有效发挥功能的经济区域,动态调整自身职能边界。同时,通过政府改革,增强对社会公共事务的管理,体现政府存在的公共性价值。为此,党的十八届三中全会提出:"经济体制改革是全面深化改革的重点,核心问题是处理好政府和市场的关系,使市场在资源配置中起决定性作用,更好发挥政府作用。"③

---

① 习近平:《决胜全面建成小康社会,夺取新时代中国特色社会主义伟大胜利——在中国共产党第十九次全国代表大会上的报告》,《人民日报》2017年10月18日。
② 薛澜、李宇环:《走向国家治理现代化的政府职能转变:系统思维与改革取向》,《政治学研究》2014年第5期。
③ 《中共中央关于全面深化改革若干重大问题的决定》,《人民日报》2013年11月16日。

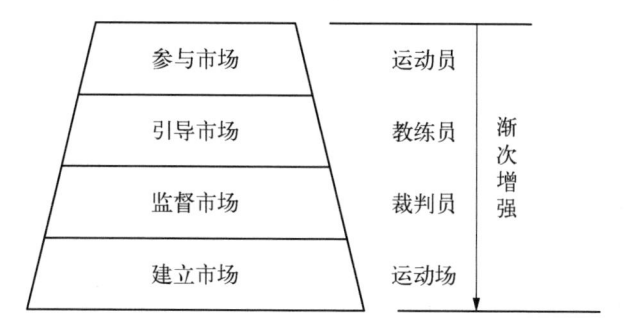

```
参与市场    运动员  ↑
引导市场    教练员  渐次增强
监督市场    裁判员
建立市场    运动场  ↓
```

图 3　政府与市场关系图

（一）落实简政放权

通过向市场的放权，给予市场自主权，让市场决定资源配置，充分调动市场主体的积极性去推动经济发展，从而使政府有更多的精力去维护社会秩序、进行社会公共事务的治理和实现社会公平正义。十二届全国人大一次会议审议通过的《国务院机构改革和职能转变方案》指出："以职能转变为核心，继续简政放权，重点围绕转变职能和理顺职责关系，稳步推进大部门制改革，实行铁路政企分开，整合加强卫生和计划生育、食品药品、新闻出版和广播电影电视、海洋、能源管理机构。加快形成权界清晰、分工合理、权责一致、运转高效、法治保障的国务院机构职能体系，真正做到该管的管住管好，不该管的不管不干预，切实提高政府管理科学化水平。"①可是，简政放权和机构调整更多体现为行政体制改革的"量变"，而政府职能转变才是触及本质的"质变"。"量变"层面的改革固然重要，但改革不能仅限于此，假如政府职能一成不变，只是一味地着眼于机构的增加与减少，可能会陷入"精简—膨胀—精简—膨胀"的循环。要想实现由"量变"到"质变"的飞跃，行政审批领域改革是关键所在——通过精简

---

① 《国务院机构改革和职能转变方案》，《人民日报》2013年3月15日。

行政审批项目、减少对执行性事务的干涉,实现向社会和市场双向放权。第一,向市场放权,减少对执行性事务的干涉。在政府与市场的关系上,要坚定不移地推进政府职能转变,通过缩减权力的覆盖范围,将大量经办、服务、技术职能等市场和社会有能力承担的事务交由它们去承担。政府与市场的关系是社会发展中一对非常重要的关系,经济社会发展需要两者的动态平衡,正如农作物生长需交替的日照与雨水,不能一味追求"烈日当空",也不能终日"雨雾弥漫"——既不能长期依赖行政干预,亦不可放任市场无序。为此,一方面,与市场经济发展相适应,推进行政审批制度改革。政府职能转变的一个基本途径就是推进行政审批制度改革。一些不恰当的行政审批破坏了市场公平竞争的正常环境,打击了企业的主动性。所以要尽可能减少对具体执行性事务的干涉,推进行政审批制度改革,给各市场主体提供广阔的发展空间,特别是要赋予企业足够的投资自主权,使其能够充分利用自身优势去创造财富、发展经济。坚决杜绝在清理旧有行政审批事项的同时,以各种名目增加新的审批,尤其要减少对企业投资和生产经营方面的审批,必须坚持做到"凡市场机制能够有效调节的,行业组织能够自律管理的,政府就不要设定行政审批;凡可以采用事后监管和间接管理的,不要再搞前置审批。对于必须审批的事项,也要依法规范审批方式和程序,真正履行服务职能"[①]。另一方面,与经济发展方式转变相适应,要进一步深化深层次体制改革。政府经济调节职能的重中之重在于推动经济发展方式转变。政府在成功"瘦身"之后,就要通过制定科学合理的发展规划、产业政策等,加强对市场主体的引导和规范,防止重复建设、产能过剩和非法的市场竞争,推动经济发展方式由"粗放式"向"集约式"转变。为了促进发展方式的快速转换和科学合理的国家调控的实现,必须推进以财税、金融、投资等为主的经济体制改革。

[①] 姜洁:《广东:政会分开避免"期权腐败"》,《人民日报》2012年7月10日。

"十三五"规划的第十五章、第十六章集中对加快财税体制改革和加快金融体制改革进行了详细论述和说明。要如期达到转变发展方式、优化经济结构、转换增长动力的既定目标,就要减少行政垄断和政府保护壁垒,加快财税金融体制改革,并配套强化监管,妥善处理好金融监管与宏观调控两部门间的关系。第二,向社会放权,积极推动社会组织的良性发展。政府与社会之间的相处之道不但是一个亟须回答的重大理论问题,也是一个亟须破解的巨大现实难题。培育和发展社会组织是迄今为止能够发现的化解此问题的最有效方式。这要求在政府与社会的关系上,继续强化政府的社会管理职责。首先必须培育发展社会组织,打造共建共治共享的社会治理格局。党的十九大对社会治理格局提出了全新要求:"完善党委领导、政府负责、社会协同、公众参与、法治保障的社会治理体制,提高社会治理社会化、法治化、智能化、专业化水平。"[1]当中的"社会协同"与"公众参与"体现了多元治理主体的价值,目的就是通过调动和发挥社会组织的积极性和主动性,充分利用它们的优势,做到政府治理和社会调节、公民自治的有机统一。其次要强化社会管理职能,推进社会治理体制机制创新。增强社会管理职能,是新时期社会发展的客观要求,在当前的时代境遇下,许多社会深层次矛盾已经开始暴露,这使得社会治理的艰巨性显著增加。自党的十六大把社会管理和公共服务确定为政府的主要职能以来,我国政府职能转变就开启了一个全新的发展历程。所以,努力构建完备的社会治理格局,加强政府对社会公共事务的管理,对实现社会主义现代化具有重大战略价值。推进社会治理体制的创新,必须坚持人民群众是历史的创造者的唯物史观,坚持以人民为中心,这是创新治理体制的本质要求。坚持人民群众是历史的创造者,群众的需要与心声是创新

---

[1] 习近平:《决胜全面建成小康社会,夺取新时代中国特色社会主义伟大胜利——在中国共产党第十九次全国代表大会上的报告》,《人民日报》2017年10月18日。

社会治理的推动力,所以政府在制定社会治理政策和施行创新办法的实践中,要密切关注群众的反映,充分尊重群众的意愿。"在社会治理机制上,包括利益诉求与表达机制、利益协调和社会矛盾的解决机制等,都要有创新的方式与措施。在创新过程中,要重视发挥社会力量的作用,建立健全政府与社会、群众的信息沟通与反馈机制。尤其要维护普通百姓和弱势群体的利益,他们没有像人大代表、党代表或政协委员那样的固定官方渠道去提出意见和诉求,所以政府要开辟畅通的表达渠道,及时听到这些群体的声音和反馈,这样有利于社会矛盾的解决。"[1]利用这些有利的渠道,及时了解社会发展的整体态势和群众需求发展的动向,在坚持公正合理的前提下,采用有效的社会危机处理机制,实现矛盾纠纷的源头治理。

(二) 优化政府组织结构

中国行政区划在实践中已经形成了中央、省、地级市、县和乡 5 级,呈树状放射形,层级多,机构复杂,容易影响信息传递效率。所以,党的十八届三中全会明确指出:"转变政府职能必须深化机构改革,优化政府组织结构。"[2]第一,合理科学设置政府机构,加快构建决策权、行政权和监督权既相互制约又相互协调、既科学又高效的行政运行机制。一方面,严格规定政府各部门的工作范围,明确各自的权力和职责,实现权责一致,权大责大、权小责小,构建完备的政府职责体系。另一方面,政府部门要根据决策、执行、监督三种权力之间科学配置的要求,优化权力结构,厘清权力性质、定位权力地位、理顺权力关系,从而做到政府决策科学、执行有

---

[1] 孙彩红:《新时期政府职能转变与简政放权的辩证法》,《天津行政学院学报》2013年第 5 期。
[2] 《中共中央关于全面深化改革若干重大问题的决定》,《人民日报》2013 年 11 月 16 日。

力、监督有效。① 第二,强化绩效考核管理,加强绩效问责。绩效考核管理既是促进政府管理现代化、提升政府权威和优化公共服务质量的有效途径,又是建设廉洁、勤政、务实政府的客观需要。要根据建设社会主义国家的客观要求来正确履行政府职能,进而制定科学的评价指标体系,准确地把政府的真实状况反映出来,促使政府在行政管理中树立正确的行政理念,转变管理作风,创新管理方式,真正做到为人民服务。在此基础上,依照公正权威的考核结果,运用科学合理的评价指标,加强绩效问责,提升政府管理的效率和管理能力,从而促使政府为社会提供优质的公共服务。第三,实行大部门制。在科学厘定政府职能的前提下,整合政府部门,明确职责权限,理顺部门职能,建立健全协调配合机制。在大部门制的实践中,对职责相似、管理混乱的政府机构要实行撤并;对职能领域过宽、行政权力过大和权力过分集中的机构要进行恰当拆分;对职责严重交织、责任混淆不清且长期协调不畅的机构进行彻底整治,通过这些举措,逐步构建科学高效、协调合作的现代化大部门制。第四,严格限制机构数、正确设置编制数、合理配置领导职数。一是各级政府在机构设立、编制设置和职位数量上,要严把关,坚决杜绝超额超编,做到不因人设职。二是树立科学的行政理念,着力解决机制编制中产生的矛盾,有效化解需求危机。三是坚决做到以机构编制法规政策为据办事,严格禁止超越法律、违反政策的行为出现。

政府的组织结构是行政职能的承担者,必须予以科学合理的设置,并不断予以优化,才能为实现国家治理体系现代化奠定坚实的基础。

(三) 健全宏观调控体系

通过转变政府职能,实现政府职能的科学化和规范化,管该管的事。

---

① 唐任伍:《处理好政府与市场关系关键要转变政府职能》,《中国教育报》2013 年 12 月 20 日。

党的十八届三中全会指出:"科学的宏观调控、有效的政府治理是发挥社会主义市场经济体制优势的内在要求。"[1]健全宏观调控体系是妥善处理政府和市场关系的基本途径和有效方式,是实现经济持续健康发展的重要支撑,对尽快构建科学完备的市场经济体制和早日实现国家治理现代化作用巨大。第一,健全以国家发展战略和规划为导向、以财政政策和货币政策为主的宏观调控体系。财政与货币政策在推动经济发展、优化结构、调节收入和保持货币平衡稳定等方面有重要价值,因而要充分发挥它们在宏观调控方面的作用,推动经济社会有序发展。第二,推进宏观调控目标制定和政策手段运用的机制化建设。主要包括:"建立健全宏观经济形势分析研判机制和监测预测预警信息会商机制,加强跨部门、跨领域、跨地区信息交流共享和形势研判,对经济运行中的重大变化及时做出预警;建立健全重大问题研究和政策储备工作机制。从经济社会发展中的深层次矛盾和问题着手,加强重大问题研究,并向政策思路、改革方案、战略构想、中长期规划等延伸,形成政策储备;建立健全民主决策机制,在重大政策研究出台的过程中,要完善社会听证、信息公开、公众参与、专家咨询等各类程序,充分反映社情民意;建立健全政策评估和调整机制,各项政策要对实施的背景、投入、效果和影响进行分析测算,充分权衡各种利益关系,并按形势变化和政策实施情况,适时预调微调,把握好政策的方向、力度和节奏,提高相机抉择水平;推进宏观调控政策统筹协调机制建设,宏观调控部门之间、宏观调控部门与有关部门之间要建立多层面的政策沟通协调机制,统筹进行政策尤其是重大政策调整的综合评估和协调,防止单项政策各自为政,政策之间效力相互抵消或过度叠加,加强财政政策、货币政策与产业、价格等政策手段协调配合,增强宏观调控前瞻性、针

---

[1]《中共中央关于全面深化改革若干重大问题的决定》,《人民日报》2013年11月16日。

对性、协同性。"①第三,形成参与国际宏观经济政策协调的机制,为中国经济创造更加广阔的发展空间。高度关注国际经济的发展状况和经济大国政策走向,科学评估其对中国发展的影响,采取积极措施进行有效应对。加强与世界经济的联系,创造更多机会参与多双边国际经济合作,提升国际影响力,推动构建更加公正合理的国际经济秩序,为中国经济创造更加有利的广阔发展空间。完善科学的国家宏观调控体系,不仅是政府部门职能转变的主观需求,还是市场规律无形的客观要求。所以,在国家宏观调控中需要处理好政策与经济、政府与市场的关系,进一步凸显市场在资源配置中的决定性作用。

总而言之,处理好政府与市场关系的关键在于简政放权、优化组织结构、健全调控体系,只有这三方面做好了、完善了,政府才能把该管的管住、管好,政府的宏观调控才能有效,政府治理才不会失灵,市场的决定性作用才能发挥,市场治理才不会失效,政府和市场才能相辅相成、相互促进,中国经济社会才能稳定和可持续发展。

第三节 精准把握治理理念与科学应用治理方法

政府治理是政府管理的一种新形态,基本目标是通过有针对性地处置相关社会事务、解决相关社会问题,实现社会公共利益的最大化。而达成这一目标,不仅需要将政府职能转变的治理理念、治理方法和治理工具有机统一起来,准确理解服务型政府的完整内涵和理念,建设服务型政府,还需要依靠创新治理方法和工具来增强政府治理效能。

---

① 徐绍史:《健全宏观调控体系》,《人民日报》2013年12月18日。

一、推动政府职能转变的治理理念、治理方法和治理工具的有机统一

由于中国国家制度体系的人民性和中国社会客观实践发展之需，1998年九届全国人大一次会议通过的《关于国务院机构改革方案的决定》就提出："按照发展社会主义市场经济的要求，转变政府职能，实现政企分开，把政府职能切实转变到宏观调控、社会管理和公共服务方面来。"[1]党的十七大提出："加快行政管理体制改革，建设服务型政府。"[2]服务型政府建设目标的提出标志着我国政府职能定位与价值理念发生了重大变化，政府职能向公共服务转型，这种变化与国家治理现代化的建设目标是一致的。服务型政府治理理念的落地生根需要与之相匹配的治理工具作为支撑，也需要在完备法律规范的基础上运用合理的治理方法。法治被视为社会进步的主要标志与现代文明的核心要素，也被视为治国之道，从某种意义上来说，现代化的国家治理就是法律之治、规则之治，服务型政府是法治政府和责任政府的有机统一。经过几十年的不懈努力，中国法治建设成果丰硕，所以，在推进国家治理现代化的过程中，"法治"作为规范现代社会行为的有效治理手段，应与"服务"共同成为新时期政府职能转变的主题词。将以法治为根基的治理方法和治理工具融入服务型政府建设，是新时期政府职能转变的关键所在。

（一）明确服务型政府的内涵与理念

对于何为服务型政府，现在我国理论界有多种界定，并没有形成一个

---

[1] 《第九届全国人民代表大会第一次会议关于国务院机构改革方案的决定》，《人民日报》1998年3月11日。

[2] 胡锦涛：《高举中国特色社会主义伟大旗帜，为夺取全面建设小康社会新胜利而奋斗——在中国共产党第十七次全国代表大会上的报告》，《人民日报》2007年10月25日。

一致的认识。但通常研究者是从政府的职责功能、服务理念、角色定位等角度切入对服务型政府进行定义的。多数学者都采用刘熙瑞教授的定义,认为:"服务型政府就是在公民本位、社会本位理念指导下,在整个社会民主秩序的框架下,通过法定程序,按照公民意志组建起来的以为公民服务为宗旨并承担着服务责任的政府。"[1]服务型政府是基于国家治理现代化要求和人民对美好生活的向往而建立的一种现代社会的政府治理方式,它与传统政府模式最大的不同在于治理理念的转变。服务型政府有两个根本理念:第一,以人民为中心的理念。以人民为中心是服务型政府全部行为的出发点和落脚点。服务型政府是面向人民、以人民作为自己行为衡量标准的政府,它作为公权力的实施者,必须保证权力行使的人民面向和公共利益性,避免权力使用的异化和权力灰色地带的产生。国家的权力源于人民,政府是权力的执行者,人民与政府之间实际上就是一种"委托—代理"关系。人民是国家的主人,享有公共服务,政府是人民的公仆,提供公共服务,此乃现代政府生成之价值所在,以人民为中心是服务型政府存在的权威性基础。"合法性意味着某种政治秩序被认可的价值。"[2]构建服务型政府,一定要坚持以人民为中心,将保障和改善民生作为工作的出发点和落脚点,建立科学、合理的政治参与体制,确保人民的权利和利益,只有这样,政府才能获得行政合法性基础,做到理论搭建与现实实践的有机契合。第二,依法行政的理念。法治是现代行政的灵魂,亦是建设服务型政府的制度支撑和实现基础。法治政府即依法行政的政府,宪法是政府的最高行为准则,把政府行为全面纳入法治轨道是法治政府建设的重要目标,政府职能履行以法律授权为边界。在法治国家,法律面前每个

---

[1] 刘熙瑞:《服务型政府:经济全球化背景下中国政府改革的目标选择》,《中国行政管理》2002年第7期。
[2] [德]尤尔根·哈贝马斯:《交往与社会进化》,张博树译,重庆出版社1989年版,第184页。

人、每个组织一律平等,不允许有任何超越法律的行为发生。权力是社会治理的重要工具,它在维护人民利益、建立有序的社会秩序方面的作用不可或缺,但也要对它进行规范和约束,这是现代法治精神的内在要求。"服务型政府之所以成为我国政府改革与发展的基本目标,就是因为它是在现代宪政体系下的法治政府。公民权利与政府权力之间存在着明确的边界,公民权利具有明晰内容,而政府权力也应得到合理的配置,政府必须在宪法和法律范围内进行活动,而不是将其权力凌驾于法律之上。"[1]

由此可见,服务型政府是以人民为中心、以满足人民的诉求为目标的新型服务模式,从"服务"的理念出发,是正确理解服务型政府的根本方式和有效路径。为了进一步加深理解,还需辨别清楚以下两对概念:第一,狭义和广义的公共服务。"狭义的公共服务仅仅是指政府除经济调节、市场监管和社会管理外的,与'民生'直接相关的政府职能。主要包括两种类型:一是社会性公共服务,即为满足公民的社会发展活动需要所提供的服务,包括教育、科学普及、医疗卫生、社会保障以及环境保护等;二是经营性公共服务,即保证公民生存与生活所需要的各种基本公共服务,如提供水、电、气、通信、交通、邮电等基础设施。而广义的公共服务除了狭义概念的范畴,还包括政府进行宏观调控、维护市场秩序和社会秩序的监管行为,如社会治安、生产安全、消费安全等,这是维护一个政治社会的稳定与安全而必须由政府提供的公共性服务。"[2]第二,基本公共服务与一般公共服务。理论界通常"将政府维护社会治安和国家安全的服务,以及立法机关的立法服务和司法机关的司法服务看作基本公共服务,而将我们当前把保障公民基本生存权和发展权的服务看作一般公共服务。法治

---

[1] 傅耕石:《服务型政府:我国政府发展的理性选择》,《社会科学战线》2007年第3期。
[2] 贺林波、李燕凌:《公共服务视野下的公法精神》,人民出版社2013年版,第30—31页。

原则和视角下的公共服务范畴超越了具体的、作为政府狭义职能存在的公共服务"①。服务型政府职能中所强调的"服务型"主要关注的是全社会人民的共同诉求,致力于实现公共利益,法治是实现公共利益的重要保障,是建设服务型政府的支撑。在现代国家视域下,政府是"一个经由人民同意合法掌握并行使公共权力、公共资源、处理公共事务、提供公共物品与公共服务、满足公共需求并承担公共责任的政治组织"②。因而,我国目前所要构建的服务型政府,必须在坚持社会主义民主与法治的前提下,以人民为中心、以服务为理念,通过有效管理社会公共事务、提供优质公共服务,来满足人民日益增长的多元化需求,实现社会的公平公正,推动社会的全面发展和人民的自由幸福,这是服务型政府的价值依归。所以,在以服务型政府建设为导向的政府职能转变中,"服务"和"法治"是相辅相成的,"服务"是服务型政府的魂,是目的,而"法治"是达成目的的手段,它通过明确政府的权力边界,防止政府执法有效性的削弱、使服务"打折"。党的十八届四中全会将"依法治国"确定为大会主题正是对治理现代化视域下政府职能转变发展方向的一种宣言式的回答。

(二) 建设法治化服务型政府

服务型政府建设是一项长久且庞杂的整体性工程,需逐步推进,不可能一蹴而就,针对当前我国经济社会发展总体水平和服务型政府建设的现实情况,加快构建和推进政府法治化建设是明智之举和当务之急。第一,政府理念的法治化,树立"法治行政,服务为本"的理念。实现国家治理现代化,建设"中国特色法治服务型政府",意识、思想需到位,关键是

---

① 薛澜、李宇环:《走向国家治理现代化的政府职能转变:系统思维与改革取向》,《政治学研究》2014年第5期。
② 周光辉等:《起点平等:超越自然选择的生存逻辑——关于起点平等的发生前提、内在要求与政府责任的思考》,《学习与探索》2007年第1期。

要进一步树立"法治行政、服务至上"的理念。法治行政是指政府掌握的所有权力皆发端于法律,法律高于行政,行政受法律制约与限制,政府受法律约束,要严格依照法律的规定运行,不能超越法律,也不能凌驾于法律之上。法治行政的核心是通过法律来规范政府的行为,防止政府渎职、僭越和滥用权力,将人民对权力的制约与监督作用发挥至最大。推进法治行政、构建法治服务型政府,要求各级政府及其行政人员真正把法治行政观念深植于心、外化于行,切实转变观念,增强法治意识——破除"权力至上"思维,树牢法律至上理念,转变"官本位"思想,坚持以人民为中心;防止"随意行政",恪守行政程序。同时,要全面践行"服务为本"的理念,使政府全心全意为最广大人民群众和经济社会发展服务,这是政府改革创新、建设法治服务型政府的根本出发点和最终目的。"要坚持以公众需求、经济社会发展需要为政府工作的基本导向,以公众满意度为检验政府工作好坏的根本标准,不断强化服务意识,创新服务方式,使政府工作具有简约性、回应性。"[①]第二,政府结构的法治化,大力推进政府管理体制改革。服务型政府建设中,政府理念的变化在实践中体现为政府结构的变化。政府结构包括政府职能、政府机构和政府职权,因此政府结构的法治化要从这三方面推进:一是大力推进政府职能法治化建设,构建以公共服务为核心和着力点的职能体系。法是人民意志的集中反映与利益的最大彰显,所以服务型政府必须以民为本,为民服务。"政府职能法治化就是要彻底扭转以政府为中心的单向管理职能,必须引入行政权本质上就是服务权的新观念,树立以民为本的理念,从根本上确立'服务于民'的政府职能标准,强化为社会、为市场服务的职能,建立公平公正的现代公共服务体制。"[②]二是大力推进政府机构法治化,构建以高效、精简、层级

[①] 中国行政体制改革研究会研究部:《行政机制改革新观察》,国家行政学院出版社2014年版,第162页。
[②] 叶必丰:《现代行政行为的理念》,《法律科学》1999年第6期。

少、管理幅度大为特点的政府机构管理模式。职能法治化是通过政府机构法治化表现出来的,是法治化的载体和桥梁。因而,服务型政府建设必须坚持推进政府职能法治化,不可随意增加临时性的职能机构,通过确立完善的法制来规范已有的政府部门及其职责,构建更具弹性的组织结构。三是大力推进政府职权法治化建设,构建规范、科学、合理的职权结构。通过建立权力结构合理的保障机制和政府职权分配程序的法规来维护人民的权益,提升政府权威。[1] 第三,政府运行的法治化,增强法律的实效性和执行力。我国现在的法律体系已经比较完善,但还需进一步思考,在法律制定之后怎样才能"避免有法无治的悖论、经由良法达至善治"[2]。要解决这个问题,不仅要提升政府执政能力,更要培育人民的法治意识和规则意识,使人们从内心认可、崇尚、遵守和服从法律,对法律怀有敬畏之心,把法律规定内化为行为准则,自觉主动按法律办事。社会转型的过程中,存在某种失范和无序现象,这可能会引发部分人的不满情绪,同时部分人在评判政府行政行为时,习惯于用"合理性"诉求代替理性的"合法性"标准,这种现象一定程度上增加了政府严格执法的难度。在国家做出构建服务型政府的决定之后,社会舆论对政府执法行为表现出更高的关注度,然而,部分舆论却利用"服务型政府"的名义来诟病日常正常的执法行为,有时合法的执法行为也会被攻击和谴责,使政府某些部门在依法行政与舆情应对之间,处于左右为难之境。要扭转这种非正常性法治局面,一定要建立一套正当性的行政执行机制,所谓的正当程序,就是"要在公开透明的话语空间里确立新的、真正具有公共性的,可以在同样条件下不断再现的共识以及相应的可以统一适用的规则体系"[3]。正当程序一方

---

[1] 周鹤:《论政府法治化是服务型政府建设的根本路径》,博士学位论文,吉林大学,2008年。
[2] 凌斌:《法治的中国道路》,北京大学出版社2013年版,第5页。
[3] 季卫东:《大变局下的中国法治》,北京大学出版社2013年版,第86页。

面能够规范政府的行政行为,确保执法的公平公正;另一方面,坚持程序原则可以有效防止政府工作人员随意改变执法方式,从而为政府赢得人民的信任打下坚实的基础。

二、推动治理方法和治理工具的应用创新

政府的职能最终需要借助特定的治理工具,才可以将设计的政府职能转化为现实的政府职能。政府治理工具,在某种程度上说就是政府实现其行政职能的方式。治理工具(governing instrument)在20世纪八九十年代开始成为西方公共管理学和政策科学研究的一个焦点,并形成了一大批研究成果,但到现在为止还没有形成一个被广泛认可的定义。学者们从差异化的研究视域对治理工具进行了界说,如里格林将其界定为"一系列显示出相似特征的活动,其焦点是影响和治理社会过程。或是致力于影响和支配社会进步的具有共同特性的政策活动的集合"[1]。休斯认为:"治理工具是政府的行为方式,以及通过某种途径用以调节政府行为的机制。"[2]张成福则将其界定为:"把政府实质性的治理目标或政策目标转化为具体的行动,以改变治理群体的行为,从而最终实现治理目标的手段和机制。"[3]莱斯特·萨拉蒙指出:"政府治理工具,又称公共行动的工具(a tool of publication),它是一种明确的方法,通过这种方法,集体行动得以组织,公共问题得以解决。"[4]同时,他也对政府治理工具的特征进行了研究,认为其有三个鲜明特征:一是每类工具皆有其共同特性,这些

---

[1] See, B. Guy Peters and Frans K. M. van Nispen (eds.), *Public Policy Instruments*, Northampton: Edward Elgar Publishing, 1998.
[2] [美]休斯:《公共管理导论》,彭和平译,中国人民大学出版社2001年版,第78页。
[3] 张成福:《论政府治理工具及其选择》,《中国机构》2003年第1期。
[4] Lester M. Salamon, *The Tools of Government: A Guide to the New Governance*, Oxford, New York: Oxford University Press, 2002.

特性不是人为的结果;二是每种工具包含着规定行动制度化的结构;三是结构化行动以解决公共问题为目的导向。尽管学者们对政府治理工具的观点有所差别,但普遍认为,治理的关键依然是怎样处理好政府、社会、市场这三大主体间的关系,实现三者之间的协调、合作、共治,为民造福。所以,绝大多数对治理工具的界定也是从政府治理的视域出发,把治理工具称为"政策工具"抑或"政府工具"。笔者认为,所谓政府治理工具可以理解为,政府实现治理目标而采用的手段和方法途径。如果说政府治理的目标是"登月"的话,要达到这个目标就要解决宇宙飞船问题,否则"登月"计划将是空中楼阁。在这样的意义上,在政府治理的过程中,确定目标固然重要,但是,设计和选择有效的治理工具,同样重要。政府治理工具是联系治理目标和治理结果之间的必不可少的纽带。古人曰:"工欲善其事,必先利其器。"在政府治理实践中,治理目标和结果就是"事",而治理工具则就是"器"。因此,有效设计和选择治理工具是保证政府治理有效的前提条件和基础,[1]也是解决"政府应当做什么"和"政府应当怎样做"的有效途径。

政府治理工具是政府在履行职能时所采取的具体方式和手段,不一样的治理工具会产生不一样的治理效果,所以政府应该科学合理正确地选取治理工具。对于如何选取治理工具,C.胡德(C. Hood)给出了选取应坚持的四项原则:"(1)充分考虑其他可替代方案;(2)必须与工作相匹配;(3)必须符合一定的伦理道德;(4)以最小的代价换取最理想的结果。"[2]概括起来就是要在对比多种方案的基础上,依据环境状况和工作性质选取符合一定伦理要求且价值最大化的治理工具。目前,我国在创新驱动战略的指引下比较注重治理工具的创新,但也应意识到治理工具

---

[1] 谢永宪:《数字资源长期保存研究》,上海世界图书出版公司2011年版,第105页。
[2] C. Hood, *Tools of Government*, London: Macmillan, 1983, p.133.

的应用也需要创新。"治理工具的应用创新是为了实现既定的治理目标而对治理工具进行选择、调整改进，以适应特定治理环境的过程。"[①]以此为根基，政府治理工具应用创新的根本内容就是坚持从实际出发，选取价值最大、效果最明显的治理工具。下面笔者将以莱斯特·M.萨拉蒙的"强制性"和"直接"政府治理工具理论为基础，分析当前政府在治理工具选取和创新方面的实践路径。

从直接性程度来分析，治理工具的选取应该尽量减少对经济的直接影响，要尽可能选取间接性治理工具。"根据政府是否直接提供服务，将政府治理工具分为直接提供程度较高的工具、适中的工具、间接性较高的工具。"[②]通常来说，政府治理工具的间接性愈强，其所获取的政治信任就愈多，公权力行使的自由度、效率和适应性就愈高，间接性治理工具有其短板，如有效性不强，而且因涉及主体较多，管理难度大。可这也无法掩盖政府间接治理的优点：人们将享有更多的选择和自由，可以享受到更多优质的公共产品和服务；政府也获取了更多的自主权，可以在社会公共事务的管理中发挥更大作用，为治理创造了巨大的空间，便于进行管理，因此有较强的政治合法性。政府曾在职能履行中面临效率性和适应性的现实挑战：一方面，部分领域行政审批链条过长、效率不高，制约了市场主体活力；另一方面，政府与市场职能边界需进一步优化，社会基本公共服务供给与管理不到位。鉴于此，党的十八大以来，政府持续加大简政放权的力度，为转变政府职能寻找新的出路，下放审批权逾千项，激发了市场主体活力，调动了它们的积极性。从一定程度上说，简政放权是对经济性治理工具的理性的优化选择，但一定要做好简政放权后的监管工作，确

---

① 张璋：《理性与制度：政府治理工具的选择》，国家行政学院出版社 2006 年版，第 66 页。
② 颜廷锐：《中国行政体制改革问题报告：问题·现状·挑战·对策》，中国发展出版社 2004 年版，第 85 页。

保活而不乱、管而有序。第一,下放审批权必须坚持"权责对等"。审批权本质上也是权力与责任的有机统一,从中央政府的层面来看,审批权看重的是国家的全局利益。从地方政府的层面来看,注重的是区域利益。所以,审批权下放不能一放了之,是否达到了放权的目的,必须加强监督,实施绩效问责。假如单纯是下放审批权,未对责任主体进行明确厘定,可能会影响系统性、协同性。对地方政府来说,获得审批权之后,不仅需要具备更高的管理水平和能力,而且意味着肩上多了一份责任,地方政府应在促进经济社会综合发展方面做出更大的贡献。对中央政府而言,在权力下放的同时,要划分清楚地方政府应当承担的责任,并在经济社会综合发展、生态环境保护和治理等方面加强监督,进行定期评估考核,对于违反国家政策的地方政府要依法依规实施问责。第二,实行责任清单制度。责任清单制度对于发挥地方政府的主体性和积极性、促进社会经济发展具有重要意义。权力下放之后,必须明确规定地方政府承担的责任和义务。所以当务之急是制定出一个能够真正理顺政府、社会、市场的关系,具有操作性、科学性的责任清单,促使地方政府充分发挥作用。尤其需要强调的是,对保留的行政审批事项,要向社会予以公布,广泛征求社会意见。[1]

从强制性程度来看,在减少对经济的直接干预的同时要强化对社会的监督。"强制程度主要是判断政府治理工具限制个人和集团行为的程度。如果一个政府治理工具的强制性越强,那么个人和集团的自由活动空间就越少。强制性不仅是政府与其他组织之间区别的标准,而且是政府治理工具内部相互区分的一个重要维度。"[2]有政治学家从民主的视角探讨政府治理工具的强制性,认为"政府的强制性越强,个人自由空间可

---

[1] 魏琪嘉:《产能过剩治理机制研究》,北京交通大学出版社 2014 年版,第 152 页。
[2] 毛寿龙:《公共行政学》,九州出版社 2003 年版,第 67 页。

能会受到影响"①。目前,在我国社会治理现代化进程中,如何平衡监督效能和治理创新是一大课题,我国正处于社会转型发展的实践中,食品药品、生态和教育等行业的监管工作面临诸多新挑战,个别违法主体受利益驱动产生的违法行为凸显出健全社会监督体系的紧迫性。在社会对政府治理能力和治理水平提出更高要求和期望的情况下,怎样强化社会监管职能,怎样构建一个科学理性、廉洁公正、执行有力的政府是对中国行政体制改革提出的新要求,也是我国政府面临的有力挑战。进行治理工具的应用创新是有效应对这种挑战的现实可行的举措。第一,明确简政放权后政府对谁进行监管。简政放权,说明政府通过减少和下放权力实现职能转变,这是治理方式的优化升级而非责任弱化,并不是说政府甩掉了包袱,责任也小了,相反,责任更大了。值得一提的是,政府监管职责在三个维度呈现结构性强化:一是对于涉及国家与公共安全、经济安全、生态安全以及公民生命财产安全的活动,政府依然需要充分发挥监管作用。譬如在食品药品、生产环境等与公民生命健康联系密切的重大民生行业,政府尽管下放了前置的审批权,但并不意味政府不管了,放权是为了更好地履行事中事后的监管职能,进入的门槛降低了,但出门的门槛更高了,要求更严格了。二是对可能损害公共利益、侵犯他人权益的行为,政府需要加强监督检查,承担起监督者、管理者的职责,及时发现违法违规行为、予以恰当处理,维护正常社会秩序,保障公正公平的市场规则。同时,针对一些必须通过政府行政许可进行事前管制的事项,许可以后,政府一定要加强对被许可人的监督检查,进而保证被许可人能够按照许可条件从事相关活动,落实行政许可的要求。三是对于一些公共领域、需要提供公共服务的地方,政府应当承担起组织、协调的职责。比如,对社会中存在

---

① 颜廷锐:《中国行政体制改革问题报告:问题·现状·挑战·对策》,中国发展出版社 2004 年版,第 85 页。

生活困难的特殊人群，政府要通过提供住房、资金等方式实行救助，起到"托底"的作用。又如，对于企业出资、经营状况，政府要通过信息平台进行公示，让准备与企业合作的公众能够获取相关信息，进行独立判断，自主决定与其合作的可行性。第二，明确政府怎样实施监管。实际上，随着我国简政放权、放管结合、优化服务改革的持续深化，政府政策执行面临着新的阶段性挑战，针对市场主体活力释放过程中的新型风险，政府应高度重视简政放权这枚"硬币"的另一面，即提升政府监管能力。政府建立健全新型监管机制，是在简政放权后发挥政府作用的重要方式，从根本上讲，既是政府行使权力的一种方式，更是政府应尽的一种职责。

一是创新治理方式，提高能力。面对新形势下的监管，政府应当改变自身的治理方式，无论是观念上还是行动上都要有所转变。在观念上，要有监管意识，树立监管理念。在行政监督实践中，"对于需要事前规制的事项，政府要严格依照法定程序和条件实施行政许可，同时加强对被许可人的监督。对于不需要事前审批的事项，政府也要采取有效监督措施；在行动上要走出去、走下去，改变原来在办公室执法的方式，沉下去、稳定住，改变原来基层人员不足的问题；借助大数据来存储、分析、掌握情况；改革行政方式，切实公开监管信息"[1]。二是通力合作，强化监管。对社会要进行有效的监管，单纯依靠某一个政府部门的力量是不够的，也是不现实的，所有政府部门之间必须通力合作，才能实现对社会的有效监管。这要求"改革现行比较分散的行政执法体制，实行相对集中、综合执法；健全部门间协作制度，做到及时共享信息，执法中发现问题及时抄告、移送相关部门，并进行跟踪；充分运用信息化手段，实现部门间、政府与相对人之间的互联互通；综合运用法律手段，增强监督的实效性"[2]。三是发动

---

[1] 黄磊：《简政放权与政府监管》，《人民政坛》2014年第5期。
[2] 江渝：《简政放权中的"放管结合"机制》，《中共四川省委党校学报》2015年第3期。

群众,群策群力进行监督。对社会要进行有效的监管,还必须发挥人民群众的智慧,借助广大群众力量,群策群力,才能进行有效监督。这要求及时"披露信息,降低老百姓自我决定的成本;畅通投诉举报渠道,激励老百姓发现违法行为、举报违法行为;完善社会信用约束机制,形成'一处违法,处处受限'的局面;发挥社会组织的监督自律作用,引导社会组织成员依法活动"[1]。

在全面建设社会主义现代化国家新征程中,纵横交错的张力关系使推进国家治理体系和治理能力现代化的战略规划更富有历史意蕴。如何在坚持马克思主义中国化时代化的伟大实践中,通过守正创新完善中国特色社会主义行政体制,处理好政府、市场、社会的三者之间的协同治理关系,并以此为根基推进治理工具的应用创新,从而实现以政府职能的现代化推动国家治理现代化,是新时期我国行政体制改革面临的重大挑战,也是政治学界研究者面临的重大课题。

---

[1] 黄磊:《简政放权与政府监管》,《人民政坛》2014年第5期。

参考文献

(一) 著作

[1] [德] 马克思、恩格斯:《马克思恩格斯全集》(第三卷),中共中央马克思恩格斯列宁斯大林著作编译局译,人民出版社2002年版。

[2] [德] 马克思、恩格斯:《马克思恩格斯选集》(第一卷),中共中央马克思恩格斯列宁斯大林著作编译局译,人民出版社1995年版。

[3] [苏] 列宁:《列宁选集》(第三卷),中共中央马克思恩格斯列宁斯大林著作编译局译,人民出版社1995年版。

[4] 习近平:《习近平谈治国理政》,外文出版社2014年版。

[5] 习近平:《习近平谈治国理政》(第二卷),外文出版社2017年版。

[6] 中共中央宣传部编:《习近平总书记系列重要讲话读本》,人民出版社2016年版。

[7] [美] 保罗·A.萨缪尔森、威廉·D.诺德豪斯:《经济学》,高鸿业译,中国发展出版社1992年版。

[8] [美] 戴维·奥斯本、特德·盖布勒:《改革政府:企业家精神如何改革着公共部门》,周敦仁等译,上海译文出版社1996版。

[9] [美] 盖·皮德斯:《欧洲的行政现代化:一种北美视角的分析》,国家行政学院国际合作交流部译,国家行政学院出版社1998版。

[10] 康晓锐:《市场与国家之间的发展政策:公民社会组织的可能性与界限》,中国人民大学出版社2009年版。

[11] [美] 赫尔曼·M.施瓦茨:《国家与市场:全球经济的兴起》,徐佳译,江苏人民出版社2008年版。

[12] [美] 罗伯特·达尔:《多元民主的困境》,周军华译,吉林人民出版社2006年版。

[13] [美] 珍尼特·V.登哈特、罗伯特·B.登哈特:《新公共服务:服务而不是掌舵》,丁煌译,中国人民大学出版社2010年版。

[14] [美] 戴维·奥斯本、彼德·普拉斯特里克:《摒弃官僚制:政府再造的五项战

略》，谭功荣译，中国人民大学出版社 2002 年版。

[15] [美] B. 盖伊·彼得斯：《政府未来的治理模式》，吴爱明译，中国人民大学出版社 2001 年版。

[16] [美] 迈克尔·麦金尼斯：《多中心治道与发展》，毛寿龙译，上海三联书店 2000 年版。

[17] 陈之迈：《中国政府》，上海人民出版社 2014 年版。

[18] [美] 查尔斯·沃尔夫：《市场或政府：权衡两种不完善的选择》，谢旭译，中国发展出版社 1994 年版。

[19] [英] 亚当·斯密：《国民财富的性质和原因的研究》(下卷)，郭大力、王亚南译，商务印书馆 1974 年版。

[20] [法] 萨伊：《政治经济学概论》，陈福生、陈振骅译，商务印书馆 1982 年版。

[21] [美] 马歇尔：《经济学原理》(下卷)，陈良璧译，商务印书馆 1981 年版。

[22] 《党的十九大报告辅导读本》，人民出版社 2017 年版。

[23] 俞可平：《治理与善治》，社会科学文献出版社 2000 年版。

[24] 唐士其：《国家与社会的关系》，北京大学出版社 1998 年版。

[25] 王亚南：《中国官僚政治研究》，中国社会科学出版社 1993 年版。

[26] 张国庆：《公共行政学》(第三版)，北京大学出版社 2007 版。

[27] 朱光磊：《中国政府发展研究报告：服务型政府建设》，中国人民大学出版社 2010 年版。

[28] 燕继荣：《服务型政府建设：政府再造七项战略》，中国人民大学出版社 2009 年版。

[29] 杨德才：《中国经济史新论》，经济科学出版社 2009 年版。

[30] 吴敬琏：《当代中国经济改革》，上海远东出版社 2004 年版。

[31] 金太军等：《政府职能梳理与重构》，广东人民出版社 2002 年版。

[32] 陈国权：《社会转型与有限政府》，人民出版社 2008 年版。

[33] 陈长春：《转型中的中国国家治理研究》，华东师范大学出版社 2010 年版。

[34] 《中共中央关于全面深化改革若干重大问题的决定》，人民出版社 2013 年版。

[35] 赵一凡：《美国的历史文献》，生活·读书·新知三联书店 1989 年版。

[36] 王浦劬:《政治学基础》(第二版),北京大学出版社 2006 年版。

[37] 乔耀章:《政府理论》,苏州大学出版社 2003 年版。

[38] 何增科、陈雪莲、俞可平:《国家治理现代化》,社会科学文献出版社 2015 年版。

[39] 俞可平:《论国家治理现代化》,社会科学文献出版社 2015 年版。

[40] 王浦劬:《国家治理现代化研究》,中国社会科学出版社 2017 年版。

[41] 胡鞍钢:《中国国家治理现代化》,中国人民大学出版社 2014 年版。

[42] 吕思勉:《中国政治思想史》,中华书局 2016 年版。

[43] 江必新:《国家治理现代化与社会治理》,中国法制出版社 2016 年版。

[44] 杨雪冬:《国家治理的逻辑》,社会科学文献出版社 2018 年版。

[45] 王绍光:《国家治理》,中国人民大学出版社 2014 年版。

[46] 俞可平:《全球化与政治发展》,社会科学文献出版社 2005 年版。

[47] [美] 弗朗西斯·福山:《国家构建:21 世纪的国家治理与世界秩序》,黄胜强、许铭原译,中国社会科学出版社 2007 年版。

(二) 论文

[1] 何显明:《政府转型与现代国家治理体系的建构——60 年来政府体制演变的内在逻辑》,《浙江社会科学》2013 年第 6 期。

[2] 徐兆明:《转变中的政府职能》,《政治学研究》1986 年第 5 期。

[3] 张曼丽:《论中国政府管理模式的转型》,《社会科学研究》2004 年第 6 期。

[4] 刘华:《经济转型进程中的我国政府职能转变研究述评》,《江苏社会科学》2011 年第 2 期。

[5] 施雪华:《政府职能转变模式与政府能力比较》,《学习月刊》2005 年第 3 期。

[6] 李梅娟等:《政府职能转变的动力和阻力分析》,《辽宁行政学院学报》2010 年第 4 期。

[6] 罗峰:《浦东综合改革中政府职能转变的动力、路径与启示》,《理论与改革》2011 年第 4 期。

[7] 郑小强:《政府职能转变动力机制研究——系统动力学观点》,《上海行政学院学

报》2013 年第 5 期。

[8] 刘雪华：《论服务型政府建设与政府职能转变》，《政治学研究》2008 年第 4 期。

[9] 朱光磊、于丹：《建设服务型政府是转变政府职能的新阶段——对中国政府转变职能过程的回顾与展望》，《政治学研究》2008 年第 6 期。

[10] 孟庆国：《简政放权背景下创新政府职能管理的方法路径》，《国家行政学院学报》2015 年第 4 期。

[11] 孙彩红：《新时期政府职能转变与简政放权的辩证法》，《天津行政学院学报》2013 年第 5 期。

[12] 钱振明：《现代政府职能的发展趋势及本质》，《社会主义研究》1996 年第 1 期。

[13] 刘家义：《论国家治理与国家审计》，《中国社会科学》2005 年第 6 期。

[14] 周启杰：《马克思的国家治理思想及当代价值——习近平新时代中国特色社会主义国家治理思想研究》，《南京师大学报》2008 年第 1 期。

[15] 徐湘林：《转型危机与国家治理：中国的经验》，《经济社会体制比较》2010 年第 5 期。

[16] 张慧君、景维民：《国家治理模式构建及应注意的若干问题》，《社会科学》2009 年第 10 期。

[17] 王伟昌：《统治、管理、治理——政府工具的新治理范式变迁》，《四川行政学院学报》2005 年第 2 期。

[18] 杨慧：《从统治到治理：公共管理核心理念的变迁》，《湖北社会主义学院学报》2006 年第 3 期。

[19] 唐亚林、郭林：《从阶级统治到阶层共治——新中国国家治理模式的历史考察》，《学术界》2006 年第 4 期。

[20] 张慧君：《经济转型与国家治理模式演进——基于中国经验的研究》，《经济体制改革》2009 年第 2 期。

[21] 刘婷婷、张慧君：《转型深化进程中的国家治理模式重构》，《俄罗斯研究》2008 年第 3 期。

[22] 胡洪彬：《国家治理体系和治理能力现代化研究回眸与前瞻》，《学习与实践》2014 年第 6 期。

[23] 李抒望：《正确认识国家治理体系和治理能力现代化》，《求知月刊》2014 年第 5 期。

[24] 辛向阳：《推进国家治理体系和治理能力现代化的三个基本问题》，《理论探讨》2014 年第 2 期。

[25] 田芝健：《国家治理体系和治理能力现代化的价值及其实现》，《毛泽东邓小平理论研究》2014 年第 1 期。

[26] 俞可平：《民主法治：国家治理的现代化之路》，《团结》2014 年第 1 期。

[27] 戴长征：《中国国家治理体系与治理能力建设初探》，《中国行政管理》2014 年第 1 期。

[28] 竹立家：《国家治理体系重构与治理能力现代化》，《中共杭州市委党校学报》2014 年第 1 期。

[29] 魏治勋：《"善治"视野中的国家治理能力及其现代化》，《法学论坛》2014 年第 2 期。

[30] 韩振峰：《怎样理解国家治理体系和治理能力现代化》，《人民日报》2013 年 12 月 16 日。

[31] 许耀桐、刘祺：《当代中国国家治理体系分析》，《理论探索》2014 年第 1 期。

[32] 杨冠琼、刘雯雯：《国家治理的博弈论研究途径与理论洞见》，《中国行政管理》2017 年第 6 期。

[33] 高小平：《国家治理体系与治理能力现代化的实现路径》，《中国行政管理》2014 年第 1 期。

[34] 王庆五、陈蔚：《国家治理体系和治理能力现代化：中国的发展战略与路径转换》，《江苏行政学院学报》2014 年第 3 期。

[35] 郑言、李猛：《推进国家治理体系与国家治理能力现代化》，《吉林大学社会科学学报》2014 年第 2 期。

[36] 李建：《国家治理现代化内涵阐释与现实考量》，《重庆社会科学》2017 年第 1 期。

[37] 唐兴军、齐卫平：《国家治理现代化视阈下的政府职能转变》，《晋阳学刊》2015 年第 2 期。

[38] 王长江：《如何看治理与民主的关系——加快发展民主是国家治理体系现代化的

应有之义》,《人民论坛》2013年第12期。

[39] 丁志刚:《全面深化改革与现代国家治理体系》,《江汉论坛》2014年第1期。

[40] 桑玉成:《论现代国家治理体系的建构》,《思想理论教育》2014年第1期。

[41] 李景鹏:《关于推进国家治理体系和治理能力现代化——"四个现代化"之后的第五个"现代化"》,《天津社会科学》2014年第2期。

[42] 薛澜、李宇环:《走向国家治理现代化的政府职能转变:系统思维与改革取向》,《政治学研究》2014年第5期。

[43] 胡宁生:《国家治理现代化:政府市场和社会协同互动》,《南京社会科学》2014年第1期。

[44] 彭中礼:《推进国家治理体系和治理能力:现代化的法理阐释》,《中共中央党校学报》2014年第1期。

[45] 夏克勤:《以法治方式促进国家治理现代化》,《当代江西》2015年第5期。

[46] 唐皇凤:《构建法治秩序:中国国家治理现代化的必由之路》,《新疆师范大学学报》2014年第8期。

[47] 李放:《现代国家制度建设:中国国家治理能力现代化的战略选择》,《新疆师范大学学报》2014年第4期。

[48] 张贤明:《以完善和发展制度推进国家治理体系与国家能力现代化》,《政治学研究》2014年第2期。

[49] 缪文卿:《国家治理的三重维度及其实践意蕴》,《求索》2017年第6期。

[50] 唐兴军、齐卫平:《治理现代化中的政府职能转变:价值取向与现实路径》,《社会主义研究》2014年第3期。

[51] 张晓峰:《依法推进政府职能转变与国家治理现代化》,《上海行政学院学报》2016年第1期。

[52] 黄博:《南京治理现代化背景下的政府职能转变》,《中共南京市委党校学报》2014年第6期。

[53] [美]詹姆斯·马奇、约翰·奥尔森:《新制度主义:政治生活中的组织因素》,殷敏译,《经济社会体制比较》1995年第5期。

[54] 严书翰:《习近平治国理政思想是当代中国马克思主义的新发展》,《红旗文稿》

2015 年第 20 期。

[55] 孙乐强:《马克思主义国家学说的当代发展——基于国家治理体系和治理能力现代化的分析》,《思想政治教育》2015 年第 7 期。

[56] 王可园、齐卫平:《国家治理现代化视角下党的执政能力提升研究》,《理论与改革》2014 年第 5 期。

[57] 陈炳辉:《国家治理复杂性视野下的协商民主》,《中国社会科学》2016 年第 3 期。

[58] 王浦劬、季程远:《新时代国家治理的良政基准与善治标尺——人民获得感的意蕴和量度》,《中国行政管理》2018 年第 1 期。

(三) 报纸

[1] 胡耀邦:《全面开创社会主义现代化建设的新局面——在中国共产党第十二次全国代表大会上的报告》,《人民日报》1982 年 9 月 8 日。

[2] 《中共中央关于社会主义精神文明建设指导方针的决议》,《人民日报》1986 年 9 月 28 日。

[3] 江泽民:《加快改革开放和现代化建设步伐,夺取有中国特色社会主义事业的更大胜利——在中国共产党第十四次全国代表大会上的报告》,《人民日报》1992 年 10 月 12 日。

[4] 《关于党政机构改革的方案》,《人民日报》1993 年 3 月 7 日。

[5] 桑玉成:《建设一个高效能的服务型政府》,《文汇报》2008 年 3 月 17 日。

[6] 江泽民:《全面建设小康社会,开创中国特色社会主义事业新局面——在中国共产党第十六次全国代表大会上的报告》,《人民日报》2002 年 11 月 8 日。

[7] 胡锦涛:《高举中国特色社会主义伟大旗帜,为夺取全面建设小康社会新胜利而奋斗——在中国共产党第十七次全国代表大会上的报告》,《人民日报》2007 年 10 月 15 日。

[8] 《第十一届全国人民代表大会第一次会议关于国务院机构改革方案的决定》,《人民日报》2008 年 3 月 16 日。

[9] 《温家宝在十一届全国人大一次会议上的政府工作报告》,《人民日报》2008 年 3

月6日。

[10] 胡锦涛:《在庆祝中国共产党成立90周年大会上的讲话》,《人民日报》2011年7月1日

[11] 童星:《"社会管理"与"社会管理学"》,《新华日报》2011年4月13日。

[12] 胡锦涛:《坚定不移沿着中国特色社会主义道路前进,为全面建成小康社会而奋斗——在中国共产党第十八次全国代表大会上的报告》,《人民日报》2012年11月9日。

[13]《国务院机构改革和职能转变方案》,《人民日报》2013年3月15日。

[14] 唐任伍:《处理好政府与市场关系关键要转变政府职能》,《中国教育报》2013年12月20日。

[15]《中共中央关于全面深化改革若干重大问题的决定》,《人民日报》2013年11月16日。

[16] 徐绍史:《健全宏观调控体系》,《人民日报》2013年12月18日。

[17] 俞可平:《衡量国家治理体系现代化的基本标准》,《北京日报》2013年12月9日。

[18] 何艳玲:《以社会治理体制改革促国家治理体系建设》,《光明日报》2014年1月20日。

[19] 习近平:《把抓落实作为推进改革工作的重点,真抓实干,蹄疾步稳,务求实效——在中央全面深化改革领导小组第二次会议上的讲话》,《人民日报》2014年2月28日。

[20] 习近平:《习近平在参加上海代表团审议时强调:推进中国上海自由贸易试验区建设加强和创新特大城市社会治理》,《人民日报》2014年3月6日。

[21] 颜晓峰:《法治是治国理政的基本方式》,《天津日报》2015年1月12日。

[22] 李洪峰:《习近平治国理政思想:马克思主义中国化新境界》,《光明日报》2015年10月26日。

[23] 习近平:《决胜全面建成小康社会,夺取新时代中国特色社会主义伟大胜利——在中国共产党第十九次全国代表大会上的报告》,《人民日报》2017年10月18日。

[24]《中共中央关于深化党和国家机构改革的决定》,《人民日报》2018年3月18日。

[25] 李树林:《推进国家治理体系和治理能力现代化》,《内蒙古日报》2013年12月20日。

[26] 陈家兴:《新时代机构改革的鲜明政治方向》,《人民日报》2018年3月19日。

[27] 丁薛祥:《深化党和国家机构改革是推进国家治理体系和治理能力现代化的必然要求》,《人民日报》2018年3月12日。

图书在版编目(CIP)数据

国家治理现代化视域下我国政府职能转变研究 / 金锋著. -- 上海：上海社会科学院出版社，2025.
ISBN 978-7-5520-4777-6

Ⅰ. D630.1

中国国家版本馆 CIP 数据核字第 2025RW9266 号

国家治理现代化视域下我国政府职能转变研究

著　　者：金　锋
责任编辑：张晓雨　包纯睿
封面设计：黄婧昉
出版发行：上海社会科学院出版社
　　　　　上海顺昌路 622 号　邮编 200025
　　　　　电话总机 021 - 63315947　销售热线 021 - 53063735
　　　　　https://cbs.sass.org.cn　E-mail：sassp@sassp.cn
排　　版：南京展望文化发展有限公司
印　　刷：上海盛通时代印刷有限公司
开　　本：710 毫米×1000 毫米　1/16
印　　张：13
插　　页：1
字　　数：174 千
版　　次：2025 年 6 月第 1 版　2025 年 6 月第 1 次印刷

ISBN 978 - 7 - 5520 - 4777 - 6/D · 765　　　　定价：78.00 元

版权所有　翻印必究